भावनाओं का क्षितिज

हिन्दी कविता का सफर

अवधेश नारायण तिवारी

Copyright © Awadhesh Narayan Tiwari 2023
All Rights Reserved.

ISBN 979-8-89133-863-0

This book has been published with all efforts taken to make the material error-free after the consent of the author. However, the author and the publisher do not assume and hereby disclaim any liability to any party for any loss, damage, or disruption caused by errors or omissions, whether such errors or omissions result from negligence, accident, or any other cause.

While every effort has been made to avoid any mistake or omission, this publication is being sold on the condition and understanding that neither the author nor the publishers or printers would be liable in any manner to any person by reason of any mistake or omission in this publication or for any action taken or omitted to be taken or advice rendered or accepted on the basis of this work. For any defect in printing or binding the publishers will be liable only to replace the defective copy by another copy of this work then available.

अनुक्रम

तुमको भूल न पाऊँगा

तुमको भूल न पाऊँगा
जब तुमने जुल्फें बिखराई
मानो हो सावन की बदली।
जैसे ही तुम थी मुसकाई
थी चमक गयी कोई बिजली॥
तितली सा तेरा इतराकर
हर बात-बात पर मुस्काना।
कैसे मैं भूल भला पाऊँ
तेरा उस पथ पर आना जाना॥
क्या दोष भला इन आँखों का
जो तुम इनसे भी रूठ गयी।
क्या दोष भला उन राहों का
जो उन को भी तुम छोड़ गयी॥
है याद नहीं आता मुझको
यह सच था या कोई सपना था।
पर इतना तो सच लगता है
कि सब कुछ मेरा अपना था॥
बस इसी कल्पना को लेकर
तेरी तस्वीर बनाऊँगा।
तुम तो मुझको हो भूल गयी
पर मैं तुमको भूल ना पाऊँगा॥

* * *

सिसकता भारत

हे राम कृष्ण और हे माधव
क्यों मुझे अकेला छोड़ गये।
क्या जाकर तुमने पाया जो
भारत को अपने भूल गये ॥
तेरे जाने के बाद यहाँ
कितने ही परिवर्तन आये।
मेरे दिल को सब मालूम है
जिसने सारी ठोकर खाये॥
इन पीछे गुजरे वर्षों की
कितनी ही दुःखद कहानी है।
हे राम अगर तुम मिल जाते
सब मुझको तुम्हें सुनानी है॥
वे भी कितने सुन्दर दिन थे
जब मैं थी सोने की चिड़िया।
पर सब कुछ पूरा बदल गया
अब मैं हूँ मिट्टी की गुड़िया॥
कितने ही प्यारे अंग मेरे
यूँ ही मुझसे अब छूट गये।
दुश्मन की ठोकर खा खाकर
वे अंग हमारे टूट गये॥
है वही हिमालय खड़ा यहाँ
गंगा भी अब तक बहती है।

पर तुम क्या जानो हे माधव
दुःख कितना अब वह सहती है॥
कितने ही विदेशी आये यहाँ
आकर मुझको सब लूट गये।
हे माधव क्या मेरी गल्ती
जो तुम भी मुझसे रूठ गये॥
यवन हूण और मुगल यहाँ
सब बाहर से ही आये थे।
सीने पर चढ़ मेरे सबने
अपने अधिकार जमाये थे॥
गोरों के बूटों की ठोकर
वर्षों तक मैंने खायी थी।
आँखों में मेरी फिर भी कभी
आँसू की बूंद न आयी थी॥
मैं हरदम सोचा करती थी
कब छुटकारा मैं पाऊँगी।
कब उनके पंजो से बचकर
मैं खुली हवा में आऊँगी॥
फिर मेरे भी कुछ लाल हुए
थे जिन्होंने बलिदान दिये।
और छीन अंग्रेजी पंजों से
वापस मेरे अधिकार किये॥
फिर जिस दिन आजादी आयी
मैं भी थी खुशी से नाच उठी।
वर्षों की मेरी सोयी हुई
अभिलाषा फिर से जाग उठी॥

वर्षों की घुटन से बाहर आ
देखा तो सब कुछ अपना था।
सोचा अब तो पूरा होगा
जितना भी मेरा सपना था॥
पर आज मुझे मालूम हुआ
कि वह सब भी एक धोखा था।
जो उस दिन अपनों के अन्दर
आ करके मैंने देखा था॥
उनके दुःख को सह लेती थी
यह सोच कि वे बेगाने थे।
अपने इतने निर्दय होंगे
मैंने यह तो न जाने थे॥
जिस जिसको सीने पर रखकर
मैंने मुश्किल से पाला है।
उन सबने आकर हे माधव
मुझ पर ही डाका डाला है॥
मर्यादा और सम्मान मेरे
यूँ हीं हैं सब बर्बाद हुए।
जितने भी मेरे सपने थे
जलकर वे सब अब राख हुए॥
अपनों के साये से भी अब
मुझको डर सा लगता है।
भय से मैं काँप सी उठती हूँ
जब भी कोई अपना कहता है॥
ऐसी आजादी में माधव
मुझको घुटन सी होती है।

पत्थर सी दृढ़ मेरी आँखें
निशिदिन ही रोया करती हैं॥
हे राम कृष्ण और हे माधव
एक बार पुनः तुम आ जाओ।
मेरी इन घुटती साँसों का
उद्धार पुनः तुम कर जाओ॥

* * *

कब तक यूँ चुप बैठोगे

हे किसान कितने महान
निशिदिन तुम मेहनत करते हो
जाड़े में सोते ठिठुर-ठिठुर
वर्षा में भीगा करते हो
गर्मी की दोपहरी में भी
खेतों में अपने जलते हो॥
नित इतनी मेहनत करके भी
क्यों भूखे तुम सो रहते हो
बाहर से दिखते बड़े शान्त
पर अन्दर-अन्दर जलते हो
इतना सब कष्ट उठाकर भी
क्यों कर तुम यूँ चुप रहते हो॥
तेरा ही खून चूस-चूस
ये लोग अमीर बन जाते हैं
फिर तुमको छोड़ अकेला ये
खुद महलों में सो जाते हैं
उनके बच्चे जब महलों में
गुड़ियों से खेला करते हैं
तब तेरे बच्चे झोपड़ियों में
रोटी के खातिर रोते हैं॥
कब तक यूँ चुप बैठोगे
दुख और सहोगे कितना तुम

बस इतना मुझको बतलाओ
इन चन्द अमीरों के आगे
अपने अधिकारों के खातिर
आखिर किस दिन तुम बोलोगे
दुख और गरीबी की जंजीरें
बतलाओ कब तुम तोड़ोगे
कब तक यूँ चुप बैठोगे

* * *

अटल जी को भावभीनी श्रद्धांजली

है अटल सत्य यह जीवन का

जो आया उसको जाना है

कहता है सनातन धर्म मेरा

सब मिट्टी में मिल जाना है।

वह अटल हिमालय जैसे थे

वह गंगा जल से शीतल थे

वह राजनीति के आज भी थे

वह राजनीति के कल भी थे।

नेहरू से ले मनमोहन तक

वह राजनीति में अटल रहे

परमाणु परीक्षण करवाया

और कारगिल में भी सफल रहे।

वह राष्ट्र संघ में जा करके

हिन्दी में पहले बोले थे

पाकिस्तान की काली करतूतों को

वहाँ एक एक कर खोले थे।

संसद में उनके भाषण से

विपक्षी भी घबड़ाते थे

थे शब्द नियंत्रण में उनके

धारा प्रवाह बह जाते थे।

थे राजनीति के सूरज वे

जनता के दिलों में रहते थे

अपने मन के उद्गारों को
कविता के माध्यम से कहते थे।
हो गया अस्त वह सूरज अब
बस यादें अपनी छोड़ गया
नव दशकों के सारे रिस्ते
पल भर में ही वह तोड़ गया।
कल से भारत की संसद में
उनकी यादें रह जायेंगी
जब जब मर्यादा टूटेगी
तो अटल की याद दिलायेगी।

* * *

आज चाँद सपने में आया

आज चाँद सपने मे आया
तेरा एक संदेशा लाया
लाकर उसने मुझे सुनाया
तेरा गोरा रंग देखकर
वो भी थोड़ा था शरमाया
बोला कल तुम भीग रही थी
सावन की रिमझिम बारिश मे
खुले बालों पर बैठी बूँदे
मोती जैसी चमक रही थी
भीगा बदन और उड़ता आँचल
आँखों से वो बहता काजल
देख तुम्हारा रूप सुहाना
नाचा मोर भी होकर पागल
घूँघट की मीठी धुन उठती
जब भी बजती थी तेरी पायल
तुम सखियों संग झूम रही थी
तुम मस्ती में घूम रही थी
बिजली रह रह चमक रही थी
जब जब तुम मुख खोल रही थी
तुम झूले पर झूल रही थी
कायनात भी डोल रही थी
कोयल डाल पर गाना गाती

मैना तुम पर वारि जाती
भौंरे गुन गुन गीत सुनाते
तितली अपने रंग उड़ाती।

* * *

आँखें

ये आँखें कितनी पागल हैं
कभी हँसती हैं कभी रोती हैं
बिन बोले ही ये आँखें तो
कितनी बातें कह जाती हैं।
हैं तेज ये तो तलवारों से
इन आँखों के सब कायल हैं
ये दूर से ही कर देती हैं
अपने शिकार को घायल हैं।
हैं कभी मरुस्थल सी सूखी
कभी सावन की जलधार हैं ये
कभी सूनापन वीरानों का
कभी बरसाती प्यार हैं ये।
कभी बन्द करो जब इनको तो
पूरा अतीत दिखलाती हैं
कभी सोयी सोयी ये आँखें
ख्वाबों के महल बनाती हैं।
कभी कवि की कविता बन जाती
कभी प्रेमी का आधार हैं ये
कभी किसी निरंकुश के तन में
लगती बिल्कुल खूँखार हैं ये।

* * *

आँखे होती हैं कलाकार

आँखे होती हैं कलाकार
होते इनके लाखों प्रकार।
कभी गुस्से से भर जाती ये
कभी बरसाती जीवन में प्यार॥
कभी काली होती काजल सी
कभी हो जाती हैं बादल सी।
कभी बन जाती हैं आँचल सी
कभी हो जाती हैं पागल सी॥
कभी बनकर एक मरूस्थल सी
भय का एहसास कराती हैं।
तो कभी ये बनकर सागर सी
घण्टों तक अश्रू बहाती हैं॥
जब होती हैं ये प्रेमी की
बिन बोले बातें करती हैं।
जब होती किसी गरीब की तो
सबकी आँखों से डरती हैं॥
जब माँ के पास ये होती हैं
हरदम ममता बरसाती हैं।
जब दुश्मन के पास ये होती हैं
तब शोले ये बरसाती हैं॥
जब होती हैं ये बचपन की
नित सपने नये सजाती हैं।

जब होती हैं ये बूढ़े की तो
यादों में खो जाती हैं॥
खुशियों में गीली होती हैं
दुःख में ये नीर बहाती हैं।
थक कर जब ये सो जाती हैं
तो सपनों में खो जाती हैं॥
जीवन में आते ही आँखें
सबसे परिचय करवाती हैं।
सुख दुःख धूप छाँव सबसे
ये आँखें ही हमें मिलाती है॥
कभी शर्म हया बन जाती हैं
कभी बेशर्मी दिखलाती हैं।
कभी भर लाती ये शोख अदा
कभी कातिल ये कहलाती हैं॥

* * *

अर्थहीन लगता है जीवन

सब भाग रहे हैं दुनिया में
सबका उद्देश्य है केवल धन।
सबको शिखर पर जाना है
किसने खुद को पहचाना है
बस ज्ञान किताबों का सीखा
खुद से मानव अनजाना है।
नैतिकता का हो रहा ह्रास
भौतिकता का चहुँदिश विकास
धरती पर पाँव नहीं रखने
सबको बस है छूना आकाश।
दानवता की ज्वाला धधक रही
मानवता निशिदिन सिसक रही
जीवन की दिशा अब मानव के
मंजिल से अपने भटक रही।
रिस्तों की डोरी अक्सर अब
पैसों पर आकर अटक रही
खुद की निर्धनता से ज्यादा
दूजे की दौलत खटक रही।
खुद से मिलने की खातिर भी
खुद को अब समय नहीं मिलता
अब बैठ कोई अपनों के संग

दो पल भी बात नही करता।
रूक गयी कलम विचलित है मन
जब साथ नहीं कोई अपना
तब अर्थहीन लगता जीवन।
इस व्यस्त नित्य के जीवन से
थोड़ा सा समय निकालो तुम
अपनों के संग जरा बैठो
बातें कर लो मुस्करा लो तुम।

* * *

मंजर

आमों के उपर आये हैं
प्यारे प्यारे मंजर
मंजर से ये लदे हुए
लगते हैं आम सभी सुन्दर
खूशबू उनकी बिखर रही है
पूरे बागों के अन्दर
मंजर के आने की खुशी में
नाच रहे है बन्दर
सूरज का स्वर्णिम प्रकाश
है मंजर को चमकाता
चिड़ियों के मीठे कलरव से
मन हर्षित है हो जाता
महुआ भी अपने फूलों को
सुबह सुबह टपकाता है
पीले फूलों की चादर को
महुआ रोज बिछाता है
महुआ के फूलों की खुशबू
एक नई उमंग जगाता है

* * *

तब और अब

दोस्त गाली देकर बुलाते थे
जेब खाली थी फिर भी हर
मुसीबत मे काम आते थे
एक ही सायकिल पर
दो तीन लोग मीलों चले जाते थे
किसी छोटे ढाबे पर बैठ
पेट भर खाते थे
गाली देकर एक दूसरे से
बिल भरवाते थे
फिर भी आज से अधिक
खुश नजर आते थे
कलम को चलने दो
शब्दों को बहने दो जो साथ आए
उसे सीने से लगाए रखना
जो कटना चाहे उसे कटने दो
बस इतना खयाल रखना
तुम कट जाओ बंट जाओ लुट जाओ
पर अपनों को मत बिखरने दो
अपने साथ साथ दिल के रिश्तों
को भी संवरने दो
आज चेहरे की किताब पर
सब चेहरा छुपाए बैठे हैं

क्या करे जनाब यहाँ
हर शख्स मुखौटा लगाए बैठा है।
कोई पसन्द करता है
कोई टिप्पणी करता है
कोई अंगूठा उठाता है
कोई अंगूठा झुकाता है
पर उसके दिल मे क्या है
सही कोई नही बताता है
प्यार से बोल दो तो
सामने वाला घबराता है कि
कही कुछ माँग न ले
और नही तो दम्भ दिखलाता है।

* * *

कब आयेंगे अच्छे दिन

चोर उच्चके भ्रष्टाचारी

तन और मन जिनके कलुषित

रास नहीं आ रहा है जिनको

देश में होता परिवर्तन

भोपू ले वे पूछ रहे हैं

कब आयेंगे अच्छे दिन।

जाति धर्म में देश बंटा है

आरक्षण इस देश का घुन

इस घुन को जिन्दा रखने को

नेता जाल रहे है बुन।

आरक्षण से अरबपति बन

जिनका सँवरा है जीवन

वे भी अबतक पूछ रहे हैं

कब आयेंगे अच्छे दिन।

रास नहीं आ रहा किसी को

देश में होता परिवर्तन

सबके मन में एक लालसा

कैसे मिलेगा मुफ्त में धन

इसी लिए सब पूछ रहे हैं

कब आयेंगे अच्छे दिन।

सेना पर हैं प्रश्न उठाते

आतंकी का चाहें जीवन

बुद्धिजीवियों का ये समूह भी

पूछ रहा है कब आयेंगे अच्छे दिन।

मुफ्त में हमको चाहिये सबकुछ

काम में लगता नहीं है मन

फिर भी प्रतिदिन पूछ रहे हैं

कब आयेंगे अच्छे दिन।

चोरी जिनका प्रथम धर्म है

लूट का माल रहे जो गिन

वह भी सबसे पूछ रहे हैं

कब आयेंगे अच्छे दिन।

जीवन में एक बार भी

जिसको नहीं लगा पेट्रोल

बढ़े दाम पर वह भी कहते

क्या यही हैं अच्छे दिन।

वर्षों तक सरकार चलाये

जिनके कारण है दुर्दिन

वह भी सभा में पूछ रहे हैं

कब आयेंगे अच्छे दिन।

सत्ता में रहकर जिसने

किया इकट्ठा केवल धन

घूम घूम अब वह भी पूछे

कब आयेंगे अच्छे दिन।

देश बनाने में मैं अपना

कार्य रहा हूँ बैठ के गिन
कुछ भी नजर नहीं आता
फिर भी सबसे पूछ रहा हूँ
कब आयेंगे अच्छे दिन।

* * *

कर्नाटक चुनाव 2018

कर्नाटक में रहे हैं कर
नाटक सारे नेतागण।
जन प्रतिनिधियों का बाजार लगा
कीमत बढ़ती है क्षण प्रतिक्षण॥
होटल में छुप कर बैठी थी
कांग्रेस जे डी एस की टोली।
बीजेपी उछल उछल कर
लगा रही थी उनकी बोली॥
अमित शाह की कूटनीति पर
किए भरोसा थे यदुरप्पा।
पर लगता नाराज थे उनसे
अबकी राम और गणपति बप्पा॥
जिनका दल चुनाव में
बुरी तरह गया था हार।
परसो अब बन जाएगी
उनकी एक नई सरकार॥
मुख्यमंत्री बन जाएंगे छोटे गौणा कुमार।
और समर्थन करेंगे हो कांग्रेसी लाचार॥
जनादेश सब हो रहा जनता का बेकार।
कर्नाटक की जनता को करना होगा पुनः विचार॥

* * *

कलयुग और राम

हे राम तुम्हारी गाथा तो
बिल्कुल ही झूठी लगती है
फिर भी न जाने ये दुनिया
क्यों तुमको पूजा करती है॥
त्रेता में रावण को मारा
और महापुरूष तुम कहलाये
था इतना ही पौरूष यदि तो
फिर कलयुग में क्यों न आये॥
अब घर-घर में ही रावण हैं
हर घर ही लंका नगरी है
है धर्म सत्य और न्याय नहीं
सारी दुनिया ही बहरी है॥
है बुद्धि विवेक नहीं नर में
यह जग ही पागलखाना है
है साहस यदि फिर भी तुममें
तो बतलाओ कब आना है॥
भरत लक्ष्मण शत्रुघ्न सा
भाई न यहाँ पर पाओगे।
भाई के हाथों ही आकर
इस युग में मारे जाओगे॥
द्वापर में जब तुम आये थे
नित दूध दही ही खाते थे

प्रतिदिन गैयों के पीछे तुम
वृन्दावन को भी जाते थे॥
गैयाँ तो अब कम पलती हैं
पर घर-घर कुत्ते पलते हैं
मानव सड़कों पर सोते हैं
कुत्ते कारों में टहलते हैं॥
नित नारी की लज्जा लुटती है
किस-किस की लाज बचाओगे
कलयुग के दुःशासन से तुम
कभी जीत न पाओगे॥
कितने ही सुदामा सड़कों पर
नित नंगे भूखे सोते हैं
पूछो जा उन मासूमों से
जो दाने-दाने को रोते हैं॥
क्या इसी न्याय के बल पर ही
तुम दीनबन्धु कहलाते हो
रोता और बिलखता छोड़ इन्हें
खुद सुख से तुम सो जाते हो॥
राजा और प्रजा का नाता तो
अब मुझको समझ न आता है
है प्रजातन्त्र गणतन्त्र यहाँ पर
कोई बोल न पाता है॥
इस युग का वर्णन करना तो
है मेरे वश की बात नहीं
फिर क्यों कर तुमको बतलाऊँ
जब तुम भी मेरे साथ नहीं॥

है क्षमता तुममें थोड़ी भी
तो कलयुग में तुम आ जाओ
इन भूखे नंगे लोंगों का
उद्धार पुनः तुम कर जाओ॥

* * *

तूफानों से क्यों डरते हो

कोलाहल करते ये पक्षी
जीवन की राह दिखाते हैं
सपनों की ऊँची हो उड़ान
यह मानव को सिखलाते हैं।
कितनी भी मुश्किल हो राहें
पर उड़ना कभी नहीं छोड़ो
तूफानों से क्यों डरते हो
तूफानों के मुख को मोड़ो।
तुम नौवजवान हो भारत के
भारत की नींव बनानी है
अपनी खोई उस गरिमा को
सम्मान सहित लौटानी है।
आपस में होते झगड़ों को
हमें मिलकर के सुलझाना है
वसुधैव कुटुम्बकम का मतलब
एक दूजे को समझाना है।

* * *

चमचागीरी

चमचागीरी तुमको प्रणाम
शत-शत प्रणाम कोटि-कोटि प्रणाम।
तुम ही हो मेरा ईष्ट देव
तुम ही हो मेरा चारो धाम॥
जिस जिसने तुमको अपनाया
उसने जग में सब कुछ पाया।
और जो भी तुमसे टकराया
वह कभी नहीं है उठ पाया॥
हैं राम कृष्ण शंकर झूठे
उन्होंने कुछ नहीं किया।
पर तुमने अपने भक्तों को
धन दौलत और सम्मान दिया॥
ये ऊँचे-ऊँचे महल सभी
तेरे बल पर ही आये हैं।
जो झोपड़ियों में सिसक रहे
वे आदर्शों के साये हैं॥
वर्षों तक मैं भी भटका हूँ
कितने देवों को पूजा है।
पर आज समझ में आया है
तुमसे बढ़कर नहीं दूजा है॥
इसलिए पुन: विनती करता

तुम मुझको भी अपना लेना।
अपने भक्तों की श्रेणी में
मेरा भी नाम लिखा लेना॥
बस एक बार अवसर दे दो
मैं तेरा ही गुण गाऊँगा।
तेरे चरणों की धूल छोड़
अब और कहीं ना जाऊँगा॥

* * *

गौरैया

सुबह सुबह घर पर
गौरैया आया करती थी।
बरतन में रखे पानी में
वो रोज नहाया करती थी॥
फुदक फुदक कर इधर उधर
वो चींचीं चींचीं करती थी।
चावल जहाँ फटकती माँ थी
वो वहीं घूमती रहती थी।
चीं चीं कर वो मानो
माँ से बातें करती थी।
माँ भी उनकी बातों को
खूब समझती थी।
माँ चावल के दाने जब
उनको दे देती थी।
तब तब उनकी आँखो में
एक सुन्दर खुशी झलकती थी॥
चुप होकर वो थोड़ी देर
फिर दाना चुगती थी।
बड़े प्यार से चुनकर दाना
बच्चों को खिलाती थी॥
उसे पकड़ने जाते तो
फुर्र से उड़ जाती थी।

बैठ मड़ैया के ऊपर
फिर हमें चिढ़ाती थी॥
हम बच्चों से शायद वो
कुछ कुछ डरती थी।
पर अपने बच्चों से
माँ की बातें करती थी॥
माँ भी कभी पकड़ कर उनको
पीले रंग से रंग देती थी।
पीले रंग से रंग कर वो
अति सुन्दर लगती थी॥
दिवारों के छेद में वो
बच्चो संग अपने रहती थी।
शाम को जल्दी सोती थी
और प्रातः जल्दी उठती थी॥
भूख लगे तो माँ को
वो आवाजें देती थी।
माँ भी उनको अपने बच्चों
जैसा प्यार करती थी॥
कभी कभी वो माँ से
मेरी शिकायत करती थी।
माँ भी उनकी बातें सुन
हमको डाँटा करती थी।
वर्षों बीत गये अब
चीं चीं पड़ती नहीं सुनाई।
जब से छूटा गाँव कहीं
वो देती नहीं दिखाई॥

बचपन बिछड़ा माँ भी बिछड़ी
छूटी गाँव की फटी रजाई।
जब जब बचपन याद है आता।
तब तब ये आँखे भर आई॥

* * *

आजादी के बहत्तर साल

गुजर गये हैं साल बहत्तर
फिर भी हम सब लड़ते हैं
भूल देश की गरिमा को
बस हिन्दू मुस्लिम करते है।
आरक्षण के लिए देश की
संपत्ति को हैं जला रहे
मेहनत से हैं दूर भागते
मुफ्त की रोटी माँग रहे।
नेताओं ने देश को मेरे
भ्रष्टाचार मे डुबो दिया
कलतक जो संग थे रहते
उनको आपस मे लड़ा दिया।
शिक्षा का स्तर गिरा दिया
अपराधी को सम्मान दिया
जिनको जेलों मे रहना था
संसद मे उनको बिठा दिया।
कानून बनाने वाले ही
कानून तोड़ते रहते हैं
वे लूट देश की सम्पत्ति
बस अपनी जेबें भरते हैं।

* * *

चलते चलते रूक गया हूँ मैं

चलते चलते रूक गया हूँ मैं
लगता है थक गया हूँ मैं
रोजी रोटी की तलाश में
अपनों से बिछड़ गया हूँ मैं।
एस एम एस और व्हाट्सप पर
आजकल रिस्ते निभाते हैं
हम कभी कभी चेहरों की किताब पर
अपनों से मिल जाते हैं।
एक दूसरे की फोटो पर
लाईक और कमेंट करते हैं
अब तो याद नहीं रहता
कितने वर्षों में अपनों से हम मिलते हैं।
पहले चिड़ियाँ लिखी जाती थी
शब्दों में दिल की बात कही जाती थी
एक ही चिट्ठी बार बार पढ़ी जाती थी
अनमोल धरोवर की तरह
चिट्ठी छुपाई जाती थी।
अपनों से मिलने दूर तक जाते थे
बात करने के लिए घण्टों ट्रंकाल लगाते थे
एक अजीब शूकून मिलता था
जब साथ बैठ जमीन पर खाते थे।
अब अजीब सा मंजर है

साथ रहकर भी हम दूर नजर आते हैं
देर से आते हैं अकेले खाते हैं
आपस में बिना बात किये
मोबाइल में खो जाते हैं।

* * *

चेहरे की ये किताब

जी चाहता है छोड़ दूँ
चेहरे की ये किताब
कुछ दिन के लिए कर लूँ
अपना यहाँ हिसाब।
ना यहाँ कोई प्रश्न पूछूँ
ना दूँ कोई जबाब
इसका नशा तो हो गया
जैसे कोई शराब।
लाइक और डिसलाइक में
होता समय खराब
हजारों में हैं यहाँ
अपने दोस्त जनाब।
सोच रहा हूँ बैठ अकेले
देखूँ नये नये मैं ख्वाब
कुछ दिन इससे दूर रहूँ
जीवन जी लूँ लाजवाब।
घर जाकर मिलूँ दोस्तों से
पूछूँ कैसे हो जनाब
क्या वह सब मिल गया
देखे थे जिसके हमने ख्वाब।
मेसेन्जर के संदेशों से
कुछ दिन ले लूँ छूट

बच जाए अनमोल समय कुछ
हो रही जिसकी लूट।
चेहरे की किताब पर
ना लिखना पड़े कमेंट
आओ अपनों के संग बैठकर
नये रंग से करें जिन्दगी पेन्ट।
जो भी अपने खास रहेंगे
कर लेंगे कन्टैक्ट
मिलने फिर जो दोस्त आयेंगे
वही दोस्त होंगें परफेक्ट।
राजनीति की टिप्पड़ियों से
मिल जायेगी राहत
जल्द ही इससे त्यागपत्र लूँ
कट जायेगी आफत।

* * *

एहसास

जब भी कोई पत्ता हिलता
एक आहट सी हो जाती है
दिल के गलियारे के अन्दर
एक हलचल सी मच जाती है।
जब भी गहन अँधेरा होता है
सारी दुनिया सो जाती है
यादों की कश्ती में चढ़कर
वह मेरे आँगन आती है।
चेहरे पर उसके एक उमंग
हरदम रहती मुस्काती है
जिस राह पर भी वह जाती है
एक खुशबू सी छा जाती है।
चुपचाप बैठकर आँगन में
वह घर को देखा करती है
मुख से कुछ बोल नहीं पाती
आँखों से बातें करती है।
वह चलती मन्द हवाओं से
अपना आभास कराती है
आँखों से नजर नहीं आती
दिल को एहसास कराती है।
बिन एक शब्द भी बोले वह

अपना परिचय करवाती है
एक नई उर्जा भरकर मुझमें
वह सुबह लौट फिर जाती है।

* * *

जन्मदिन

❦

जिन्दगी की दिवार से

एक एक ईंट खिसकती जा रही है

लगता है जिन्दगी की मंजिल

करीब आ रही है।

कल क्या होगा इसे लेकर

सब परेशान है

कल के अच्छे के लिए

आज बरबाद हो रहा है।

आने वाले कल के लिए परेशान

इन्सान को देखकर उसका

गुजरा कल मुस्कुरा रहा है

कल और कल के बीच

कल के साथ कलयुग का

इन्सान परेशान हो रहा है।

जन्मदिन पर केक काट रहा है

शायद उसे पता नही वह

मंजिल के करीब जा रहा है

बनावटी हँसी को छोड़

सीख ले जीने की असली कला

ये मत भूल की वक्त हरपल

तेरी जिन्दगी की दिवार से

एक एक ईंट चुरा रहा है।

* * *

तनहा ही चले जायेंगे

दोस्त सच्चे बड़ी मुश्किल से मिला करते हैं
वरना तो लोग यहाँ मिल कर छला करते हैं।
मुँह पर तो लोग मीठी बातें किया करते हैं
पीठ पीछे नई नित साजिशें रचा करते हैं।
प्यार करने के लिए उम्र यहाँ थोड़ी है
फिर भी दरउम्र लोग नफरत किया करते हैं।
तनहा आए थे और तनहा ही चले जायेंगे
फिर भी पूरी उम्र हम दौलत जुटाया करते हैं।
वो दौर और था जब हम अनपढ़ हुआ करते थे
खुद को मुश्किल भी हो तो रिश्ते निभाया करते थे।
मीलों तक लोग पैदल ही चला करते थे
फिर भी हर साल में कई बार मिला करते थे।
अब तो मिलने की भी फुरसत न रही
अपनों में तरक्की और दौलत आती नजर सपनों में।
हवा कुछ ऐसी तुम फिर से चला दो गोविन्दा
दिलों में प्यार जगे सब बने फिर से बन्दा।

* * *

तुम मेरा प्यारा सपना हो

तुम भीनी भीनी खुशबू हो
तुम गरमी मे फव्वारा हो
तुम ठंडक मे अंगारा हो
तुम एक चमकता तारा हो
तुम दिल का मेरे सहारा हो
बारिश की न्यारी बूँदे हो
तुम कूक हो प्यारी कोयल की
चन्दा की धवल चाँदनी हो
तूँ खेतों की हरियाली हो
तुम गरम दूध की प्याली हो
तुम मस्तानी तुम दीवानी
तुम जवाँ दिलो की रानी हो
तुम एक अनकही कहानी हो
तुम मोती गहरे सागर की
तुम नीलम हो तुम हीरा हो
तुम पोखराज तुम पन्ना हो
तुम मेरा प्यारा सपना हो
तुम जीवन मेरा अपना हो

* * *

प्रकृति

फूलों से सुन्दर तेरा तन
तन से सुन्दर तेरा मन है
तुम से ही महका उपवन है
तुमसे ही सारा जीवन है।
तुम मार्ग दिखाती शब्दों को
मैं उनको सिर्फ सजाता हूँ
तेरे चेहरे के अन्दर ही मैं
अपनी कविता पाता हूँ।
तुम हो कविता की प्रथम श्रोत
तुम सर्वज्ञान से ओतप्रोत
चाँदनी धवल तुम पूनम की
तुम सुबह सूर्य की प्रथम ज्योति।
तुम सुन्दर रिमझिम फुहारों सी
तुम श्वेत चाँदनी शरद रितु की
तुम गहन रात्रि हो तारों की
तुम सुन्दर पवन बहारों की।
तुम बनकरके कभी ग्रीष्म रितु
धरती की प्यास बढ़ाती हो
फिर बन बादल वर्षा रितु में
धरती की प्यास बुझाती हो।
फिर शरद रितु का रूप पकड़
सबको आकर सिहराती हो

बनकर रातों में ओस बूँद
तुम धरती पर छा जाती हो।
कभी सूखी घास का तिनका तुम
कभी बन जाती हो हरियाली
कभी बन प्रकाश जगमग करती
कभी रात अमावश की काली।

* * *

न कोई गिला है

न शिकवा किसी से
न कोई गिला है
जो बोया था जग में
वही तो मिला है
मुड़ के जो देखा तो
पाया ये मैने कि
कल जो था गुजरा
वह सबसे भला था
जमाने की है रीति
ये भी पुरानी
जो सूरज चढ़ा
शाम तक वह ढला है
गमो मे भी जो
मुस्कुराना है सीखा
उसी को समझ आई
जीने की कला है
न शिकवा किसी से
न कोई गिला है

* * *

दिवाली

आओ आज मनाएं दिवाली
बाँटे हर दिल में खुशहाली
माँ लक्ष्मी की कृपा बने
कोई भी घर रहे ना खाली।
आओ मन का दिया बनायें
तेल ज्ञान का प्रेम की बाती
और करूणा से उसे जलायें।
लोभ घृणा और नफरत के
कीटों को फिर उसमें जलाएं
बोली का मिष्ठान बनाएं
दुश्मन को भी गले लगायें।
प्यार का मरहम हाथ में लेकर
हर दुखिया को इसे लगाएं
अपने अन्दर ज्योति जलाएँ
उलझे रिश्तों को सुलझाएं।
अन्धकार के अहम को आओ
अपने जीवन से दूर भगायें
करें बड़ो का आदर निशिदिन
बच्चों को भी प्रेम सिखायें।
आने वाली पीढ़ी को भी
रिश्तों का मतलब समझायें
आओ आज दिवाली मनायें।

* * *

बचपन की यादें

आओ तुमको गाँव घुमाएं
अपने बचपन से मिलाएं
कुछ धुँधली धुँधली यादों से
तुम सबका परिचय करवायें।
छोटा सा था गाँव हमारा
उसमें छोटा अपना घर था
मिट्टी की दिवारें उसकी
खपड़े से छत बनी हुई थी
गोबर के लेपों से प्रतिदिन
घर का आँगन भी सजता था।
पतलो और ईख पत्तों की
मड़ई घर बाहर सजती थी
समाचार सुनने की खातिर
रेडियो कभी कभी बजती थी।
घर मे सील और लोढ़ा था
जिसपर सबकुछ पीसता था
नमक मिर्च धनिया की चटनी
और हल्दी भी उस पर पीसती थी।
घर मे चकिया भी थी अपने
घर मे ही आटा पीसता था
ओखल भी था मूसल भी था
सब कुछ घर मे ही बनता था।

बड़ी परात भी थी पीतल की
जिसमे की आटा सनता था
मिट्टी का चुल्हा था अपना
जिसपर की खाना बनता था।
मिट्टी का एक घड़ा था प्यारा
जो पानी ठंढा करता था
चटनी से थे रोटी खाते
नदी किनारे धूम मचाते।
मिट्टी से सबकुछ होता था
मिट्टी से थे नही घबड़ाते
बारिश मे भीगा करते थे
दोपहरी मे घूमा करते थे
सीमित था सबकुछ फिर भी
एक साथ सब खुश रहते थे।
चूहे, बिल्ली, साँप, छछूंदर
सभी साथ में रहते थे
मन में कोई चोर नहीं था
खुलकर बातें करते थे।
गाँव के बाहर घना बाग था
जिसमे भूत रहा करते थे
ऐसा गाँव के काका दादा
अक्सर बातें करते थे।
इसीलिए सब गाँव के बच्चे
वहाँ जाने से डरते थे
ना क्रिकेट था ना कैरम था
इसीलिए हम सारे बच्चे

गुल्ली डंडा खेलते थे।
हाकी फुटबाल चिकई कबड्डी
सब कुछ खेला करते थे
जीत हार को लेकर अक्सर
आपस मे झगड़ा करते थे।
अच्छी अच्छी गाली भी
एक दूजे को दे जाते थे
देर से घर आने पर अक्सर
डाँट भी हम सब खाते थे।
बिजली का तो नाम नही था
घर मे ढिबरी जलती थी
कभी कभी ढिबरी के ऊपर
मिट्टी की घंटी टंगती थी।
धुँए का कालिख जाकर के
घंटी में जम जाता था
तो उसे खुरच कर उस कालिख से
घर मे काजल बन जाता था।
बच्चों की आँखो में फिर
वही लगाया जाता था
सरसो भून कर सील पर
घर मे उबटन पीसा जाता था
चार बार फिर उस उबटन से
बच्चों को मीसा जाता था।
गर्मी में घर के बाहर सब
खटिया पर सो जाते थे
अक्सर मच्छर रातों में आकर

अपनी दावत कर जाते थे।
वर्षा काल मे गहन अंधेरा
रातो मे हो जाता था
अक्सर मेढक अपनी धुन में
टर्र टर्र कर गाता था।
संग उनके घासों के अन्दर से
झींगुर भी गुनगुनाता था
दूर खेत में रातों को
चिल्लाते थे कई सियार
कुत्ते भूँका करते थे
और सोती कोने मे थी बिलार।
पीपल के पेड़ों पर अक्सर
जुगनू जगमग करते थे
बाँसो में होती आहट से
अक्सर हम सब डरते थे।
जाड़े में घर के बाहर ही
जलता था एक बड़ा अलाव
घेरकर उसको कई लोग
रातों को बैठा करते थे।
बैठ साथ मे हम सब बच्चे
उनकी बातें सुनते थे
होती थी अंताकछड़ी
तब कविता गाई जाती थी।
फिल्मी गीत नहीं थे उसमें
बस दोहा और चौपाई थी
एक अखाड़ा गाँव में मेरे

जहाँ कसरत हम सब करते थे।
नाग पंचमी को हम बच्चे
कुश्ती भी लड़ा करते थे
बैलों को स्नान कराते
गेरूआ रंग से सींग सजाते
ढरके से उन्हे तेल पिलाते
फागुन मे सब गाँव में मिलकर
एक माह तक फाग थे गाते।
लकड़ी गोइंठा खटिया चौकी
सब होलिका को भेंट चढ़ाते
रंग लगाते और ठंडई मे भंग मिलाते
रंग खेलने सारे मिलकर
एक एक घर को जाते।

* * *

अभिमान

बदल रहे हैं रोज वो

अपने सिपहसालार

जीत के उनके तो नहीं

लगते कोई आसार।

कूट कूट कर हो भरा

जिसके अन्दर अभिमान

वह राजा क्या समझ सकेगा

सेना का सम्मान।

जिस राजा को है सही

सेना का अनुमान

सेना वह रखती सदा

उस राजा का ध्यान।

एक दूसरे की सदा

रखते हैं जो ध्यान

उनका साथ ही देते हैं

मुश्किल में भगवान।

* * *

सर्दी

खाकर जल्दी सो जाते हैं
सुबह ही जाते जाग
ठंढक से सब काँप रहे हैं
ताप रहे हैं आग।
बादल ने सूरज ढक रखा
कुहरा भी है छाया
गर्म चाय को पीकर भी
मजा तनिक न आया।
पश्चिम से है हवा आ रही
हड्डी हुई अखरोट
दाँत बज रहे किटकिट किटकिट
फटे हुए हैं होंठ।
सूरज भी सर्दी से मानो
काफी डरा हुआ है
इसीलिए बादल के पीछे
जाकर छुपा हुआ है।
चिड़ियाँ भी सहमी सहमी हैं
पंख फुलाए बैठी
ठंढी ठंढी सी लगती है
आग की गरम अंगेठी।

सिकुड़ रहे हैं हाथ ठंढ से
उठती नहीं रजाई
अंदर से सब विनती करते
देते राम दुहाई।

* * *

नव वर्ष

ले प्रेम सुधा का नव प्याला
है नया वर्ष आने वाला
सब अन्धकार मिट जायेंगे
दिल में जगेगी नव ज्वाला।
आओ हम अमृत पान करें
नव भारत का निर्माण करें
हर कार्य करें हम निष्ठा से
परिणामों से हम नहीं डरें।
है नई सुबह आने वाली
काली रातें जाने वाली
आओ सींचे इस उपवन को
बनकर हमसब सच्चा माली।
मंजिल है अपनी बहुत निकट
क्यों बाधाओं से घबड़ाएं हम
जो कार्य दिया है ईश्वर ने
उसको तो पूरा कर जायें हम।
क्या खोया क्या पाया तुमने
इसपर न अधिक विचार करो
ईश्वर जैसे भी रखता है
स्वेच्छा से उसे स्वीकार करो।
मैं और मय से बाहर निकलो
ईर्ष्या पर प्रबल प्रहार करो

सिर्फ न तुम अपना सोचो
कुछ दूजों पर उपकार करो।
कर लें पूरी तैयारी हम
मन में न कोई प्रतिकार करें
आओ हमसब मिलकरके
नववर्ष का अब सत्कार करें।

* * *

पिता की अन्तिम यात्रा

रूक गयी कलम

तन हुआ शिथिल

मन भी थोड़ा थोड़ा

सा है बोझिल।

उठ गया अब सिर से

वह साया जिसमें

निश्चिन्त मेरा मन था

जिसके अनुशासन से

चलता अपना अब

तक का जीवन था।

जिन हाथों ने पाला पोसा

जीवन को राह दिखाई थी

नव दशकों के संघर्ष बाद

हुई उसकी आज विदाई थी।

जिसके जीवन का मकसद ही

सबकी शिक्षा और पढ़ाई थी

निरक्षरता से सारा जीवन

जिसने एक छेड़ी लड़ाई थी।

दुबला पतला जिसका तन था

पर निर्मल कोमल सा मन था

वैभव की जिसको चाह न थी

एक सीधा साधा जीवन था।

कल तक मैं भी एक बच्चा था
पर आज अचानक बड़ा हुआ
सब कुछ बदला बदला सा लगा
जब आज पैरों पर खड़ा हुआ।
बेफिक्र रहा करते थे हम
क्योंकि सर पर एक साया था
थे हम निरीह से देख रहे
संग छोड़ रहा जब साया था।

* * *

उत्तर प्रदेश राज्यपरिवहन की बस से

जब भी फुरसत में होते हैं
तो करते याद हैं उनको
चले गये जो हैं दुनिया से
छोड़ अकेला मुझको।
वो गुजरे वक्त का साया
पटल पर आ ही जाता है
वो खट्टी मीठी यादों को
शुरू से दुहराता है।
वह आपस का झगड़ना भी
लिए होता था अपनापन
न अब आवाज आती है
भरा हर ओर सूनापन।
बसों में बैठकर जाना
कहीं ढाबे पर जा खाना
पकड़कर बच्चों की उँगली
पैदल मीलों तक जाना।
हवा में उड़ने का सपना
अक्सर हम सजाते थे
हकीकत में तो ट्रेनों में भी
स्लीपर में ही जाते थे।

हवाओं में तो अक्सर
आजकल हम चलते रहते हैं
मगर कमी उन मीठे सपनों की
सदा महसूस करते हैं।

* * *

जीवन का दीप

हरपल दिल के गलियारे में
एक हलचल होती रहती है
दिल के अन्दर के कमरे में
बस तू ही तू तो रहती है।
आँखों का मेरे सूनापन
तुमसे ही बातें करता है
तेरी इन गहरी आँखों में
जीवन को ढूँढा करता है।
जीवन के पहिए की गाड़ी
अब डगमग डगमग करती है
इन उबड़ी खबड़ी राहों पर
हिचकोले भरते चलती है।
जीवन का अपने दीप भी तो
कुछ धीमी लौ में जलता हैं
कहीं तेज हवा इसे बुझा न दे
शायद मन थोड़ा डरता है।
है तेल प्रेम का दीपक में
साँसों की उसमें बाती है।
दिल की धड़कन लौ दीपक की
कभी घटती तो कभी बढ़ती है।
जब प्रेम घटेगा जीवन में
साँसों की बाती जल जायेगी

दिल के धड़कन की लौ भी फिर
धीमे धीमें बुझ जायेगी।
बच जायेंगी दिलों में लोगों के
कुछ धुँधली धुँधली सी यादें
कुछ खुशियों के संग काटे पल
और कुछ आधे अधूरे से वादे।

* * *

मन

खुली हवा में तरह तरह की
तेरी आकृति खींचा करता है
फिर जीवन के हर रंगों को
ला लाकर उसमें भरता है।
भूतकाल की कुछ यादों पर
कभी हँसता तो कभी रोता है
वर्तमान के धागे लेकर
कल के ताने बाने बुनता है।
मन का वेग प्रकाश से ज्यादा
चहुँदिश वह उड़ता फिरता है
पल में गुजरी यादें गिनता
दूजे पल नये सपने बुनता है।
मन के ही आधीन है जीवन
मन ही लाता है परिवर्तन
जिसने मन पर किया नियंत्रण
उसका ही सार्थक है जीवन।
तन और मन में मेल हुआ तो
भोगी भी योगी बनता है
यदि तन और मन अलग-अलग हों
तो जीवन दुःखमय रहता है।

* * *

बैठा हूँ अपने गाँव में

बैठा हूँ अपने गाँव में
पीपल की ठंडी छाँव में
चप्पल नहीं है पाँव में
है झूमता मन हर तरफ
जीवन की बूढ़ी नाव में
चिड़ियां चहक रही हैं
कोयल भी गा रही है
तपती हुई दोपहर भी
मानो गुनगुना रही है।
पीपल की बूढ़ी डाली
किस्से सुना रही है
बचपन की यादों से
वह परदे उठा रही है
सूखे कुएं की ईंटे
ऐसे कराहती है
जो प्यास थी बुझाती
पानी को तरसती हैं
बैलों के घंटियों की
यादें ही बस बची है
जाने किस तलाश में
ये उम्र मैंने खर्ची है
आमों के पेड़ भी

बच्चो को है बुलाते
पर दूर दूर तक
बच्चे नजर न आते
काश आज फिर से हम
बचपन में लौट जाते
आमों से तोड़ अमिया
मित्रों के साथ खाते
जलती हुई जमीन पर
नंगे पाँव दौड़ जाते।
जलते हुए पाँवों मे भी
हम उन्मुक्त मुस्कुराते।

* * *

मातृदिवस

माँ जिसने पूरा जीवन

तेरे लिए बिताया

बिना खिलाए तुमको जिसने

खुद था कभी न खाया

तेरे छोटे दर्द पर जिसने

घण्टों अश्रु बहाया

गाकर लोरी प्रतिदिन जिसने

तुमको नित्य सुलाया

गोदी मे सर रखकर तेरा

बालों को सहलाया

तेरी खुशियो के खातिर

खुद सारे दुःख अपनाया

उस माँ के खातिर बस

तुमने एक दिवस ही पाया

पूरे साल में एक दिवस बस

मातृदिवस मनाया।

प्रतिदिन माँ को शीश नवाओ

हर दिन मातृदिवस मनाओ

जिसने कर दिया जीवन अर्पण

उसपर नित खुशियाँ बरसाओ।

* * *

मन्द मन्द चलती पुरवाई

मन्द मन्द चलती पुरवाई
तुम आई जुल्फें बिखराई
बिजली चमकी चमन मे सारे
जैसे ही तुम थी मुसकाई।
तुम परी देश की रानी हो
तुम सुन्दर एक कहानी हो
लगती जानी पहचानी हो
फिर भी कितनी अनजानी हो।
तुम सुन्दर सुबह सुहानी हो
मीठे झरने का पानी हो
तुम बचपन की चंचलता हो
तुम एक मदमस्त जवानी हो।
तुम हरियाली हो सावन की
तुम कूक सुहानी कोयल की
तुम इन्द्रधनुष के रंगों सी
तुम मधुर संगीत हो पायल की।

-*-

रुड़की की यादें

क्या अब भी नहर में गंगा का जल
कल कल करके बहता है
क्या अब भी रूड़की में
सायकिल रिक्शा चलता है
क्या अब भी बच्चे सुबह
शाम नौकायन को जाते हैं।
क्या अब भी मेस में बुद्धवार को
छोले भट्टूरे बनते हैं
क्या शनिवार को अब भी
स्पेशल खाना बनता है
क्या अब भी मेस में बटलर
अपनी पगड़ी बाँध के चलता है
क्या अब भी रिसेप्सन में
गाना तेज से बजता है।
क्या अब भी रातों को बच्चे
शताब्दी द्वार पर जाते है
क्या अब भी भाटिया जी
मच्छरदानी वाला गीत बजाते हैं
क्या अब भी वहाँ पर बैठ सभी
बन्द आमलेट खाते हैं
क्या जैन साहेब के यहाँ
आज भी ब्रेड पकौड़े बनते हैं

क्या आज भी कैफे में बच्चे
पहले सा शोर मचाते हैं
क्या आज भी वैशाली तक
रातों मे पिक्चर देखने जाते हैं।
क्या बाथरूम में आज भी सारे
जोर जोर से गाते हैं।
क्या अब भी गंगा भवन के आगे
केले के ठेले लगते हैं
क्या अब भी शाम को
क्लब में सारे मिलते हैं
क्या टी टी के मैचों में
अब भी बच्चे भीड़ लगाते हैं
क्या हूटिंग करते समय कोई
रावत सी सीटी बजाते हैं
क्या लगूना और सवेरा में
आज भी भीड़ लगती है
कुछ तो बोलो तुम विश्वजीत
अब रूड़की कैसी लगती है।

* * *

मेरा गाँव बुलाता है

ऐसा लगता है मुझको
मेरा गाँव बुलाता है।
जाने क्यों मुझको अब
वो बचपन याद आता है
अंधेरी रातों में कोई आवाज लगाता है
ऐसा लगता है मुझको
मेरा गाँव बुलाता है।
सपने में आकरके नानी
किस्से रोज सुनाती है
मुझको मेरे गाँव की
मिट्टी बुलाती है।
कानों में आ करके हवा
कुछ गुनगुनाती है
जैसे माँ गोंदी में ले सिर
लोरी गाती है
मुझको मेरे गाँव की
मिट्टी बुलाती है।
सर्दी की सुबह दिवारों से
हम चिपके बैठे हैं
जहाँ सुबह सूरज की
थोड़ी धूप आती है

अन्दर से फिर जैसे माँ
आवाज लगाती है
दूध ग्लास में लेकर माँ
घण्टों समझाती है
कितना भी जिद करूँ मगर
माँ सदा मनाती है
मुझको मेरे गाँव की
मिट्टी बुलाती है।
थोड़ी सी मेरी चीख पर
माँ दौड़ी चली आती है
भाई बहनों को आकर
फिर डाँट लगाती है
लेकर गोंदी में वह फिर
मुझको सहलाती है
मुझको मेरे गाँव की
मिट्टी बुलाती है।
बैठा हूँ जैसे मचान पर
खेतों की रखवाली में
दूर दूर से आकर चिड़ियाँ
चुगती दाना बाली में
उड़ कर कभी वो छुप जाती हैं
पेड़ो की घनी डाली में
पत्थर मार जब उन्हें उड़ाऊँ
सब संग में उड़ जाती हैं
मुझको मेरे गाँव की

मिट्टी बुलाती है।
जाने क्यों फिर आज मुझे
बचपन की यादें आती हैं
मुझको मेरे गाँव की
मिट्टी बुलाती है।

* * *

मैं हिन्दी हूँ

मैं हिन्दी हूँ

भारत की भाषा होकर भी

मैं भारत में शर्मिन्दी हूँ

दफ्तर के सारे काम यहाँ

अब अंग्रेजी में होते हैं

इतना ही नहीं बच्चे भी यहाँ

अब अंग्रेजी में रोते हैं

हर बाप यहाँ पर बच्चों को

अंग्रेजी में पढ़वाता है

है हिन्दी गँवारों की भाषा

बस इतना सबक सिखाता है

यह मत सोचो अंग्रेजी की

इस उन्नति से मैं जलती हूँ

पर इतना तो सच है ही कि

घुट घुटकर मैं अब मरती हूँ

मेरे विकास में बाधक कुछ

मेरे ही चाहने वाले हैं

सब से बढ़कर मेरे दुश्मन

खद्दर के कुर्ते वाले हैं

मेरे विकास के लिए नए

नित भाषण वे दे जाते हैं

पर अपने बच्चों को हिन्दी

सिखलाने से घबराते हैं
बस मेरा दिल बहलाने को
है राजभाषा का नाम दिया
बस यूँ समझो इस बन्धन से
इन सबने मुझको बाँध दिया।

* * *

मैं नेता हूँ

मैं नेता हूँ

फिल्मों का नहीं

पर भारत का अभिनेता हूँ

जब भी चुनाव के दिन आते

खद्दर के कुरते धुल जाते

फिर सिर पर रख छोटी टोपी

मैं गाँव-गाँव में जाता हूँ

लम्बे चौड़े भाषण देकर

जनता को मूर्ख बनाता हूँ

कुछ रटे रटाये नारे मैं

भाषण में दुहराता हूँ

पिछले वादों को फिर से मैं

जा जनता से कर आता हूँ

फिर जैसे चुनाव की बला टली

चेहरे पर मेरे मुस्कान खिली

क्योंकि इस बूद्धू जनता ने

फिर से मुझको ही चुना है

कुछ दिन के अन्दर ही फिर से

मैं मन्त्री भी बन जाऊँगा

आदर्शवाद का नारा दे

भीतर से माल उड़ाऊँगा

मैं लूट देश के पैसे को

स्विस बैंक में जमा कराउँगा।
अपने बीबी बच्चों को भी
राजनीति में लाऊंगा
इससे अच्छा व्यवसाय कहाँ
उनको भी नेता बनाउँगा।
भारत की इस जनता का
मैं ही भाग्यविधाता हूँ
मैं नेता हूँ॥

* * *

नेताओं के रंग

राजनीतिज़ों के दाव पेंच से
भोली जनता रो दी
आपस में ये कब्र खोदते
जनता को बहलाते
एक दूसरे के कामों को
हर दम ये झुठलाते
पर अपने फायदे के खातिर
सारे हैं मिल जाते
कभी जाति पर कभी धर्म पर
दंगा ये करवाते
भोली भाली जनता को
सारे नेता मरवाते
कोई साँप है कोई नेवला
कोई रंगा सियार
राजनीति अब बची न सेवा
बन गई ये व्यापार
जनता को अब उठना होगा
लेने को अधिकार
बरना ये सब बेच खायेंगे
ये पूरा संसार।

* * *

मौत

मौत तुम सबसे बड़ी हकीकत हो
किसी को तुमसे प्यार करते नहीं देखा
पर तुम सबसे प्यार करती हो
हर व्यक्ति तुमसे दूर
भागने का प्रयत्न करता है
पर असफल असहाय एक दिन
तुम्हारे आगोश में चला आता है
कितनी न्यायप्रिय हो तुम
अमीर गरीब राजा और रंक
किसी से भी भेद भाव नहीं रखती
तुम परिवर्तन की प्रतीक
समाज की एक जरूरत हो
मौत तुम सबसे बड़ी हकीकत हो।

* * *

यादें

भटक रहा है मन दुनिया में
यादों पर है नहीं नियंत्रण
कितना भी इन्हें दूर भगाओ
आ जाती हैं बिना निमंत्रण।
कुछ यादें मीठी होती हैं
चेहरे पर मुस्कान हैं लाती
कुछ यादें ऐसे होती हैं
जो आँखों में आँसू लाती।
सुख और दुख से भरी हैं यादें
हैं गुजरे पल का इतिहास
जब भी कभी अकेले बैठो
चुपके से आ जाती पास।
जब भी बचपन याद करूँ
तो अक्सर ये होता आभास
रातें लाती गहन अंधेरा
पर तारों से जगमग आकाश।
नंगे पाँव दौड़ते रहते
ना लगती थी भूख और प्यास
ना चिन्ता कुछ खोने की थी
ना ही कुछ पाने की आस।
हरे भरे खेतों में घूमे
खुली हवा में ली थी साँस

छोटा घर था मिलता कम था
फिर भी कभी न हुए उदास।
बड़े हुए दिल छोटा हो गया
संग में कुछ चिन्ताएं आईं
बचपन से सबकुछ ज्यादा है
फिर भी खुशी न वैसी आई।
भरी रोशनी में अब खो गयी
वे काली तारों भरी रातें
इतना व्यस्त हुआ यह जीवन
खुद से भी नहीं हों मुलाकातें।
अब जब भी कभी दिल करता है
खुद से खुद का करूँ सामना
तनहाई में लेकर बैठूँ
बचपन की यादों का आईना।

* * *

राखी का त्यौहार

आया राखी का त्यौहार

लेकर भाई बहन का प्यार

बहना बाँधेगी राखी

भैया देंगे उसे उपहार।

आए जब राखी का त्यौहार

साथ में जुट जाए परिवार

पतन हो रहा जीवन का मूल्य

बचाकर रखना कुछ संस्कार।

बिछड़ने लगे पिता से पुत्र

जहाँ में फैली बहुत कुरीति

अलग ना हो भाई से बहन

बचाकर रखना उनकी प्रीति।

ये रिस्ते होते हैं अनमोल

लगाना मत पैसे से मोल

अगर कभी हो जाए मतभेद

तो लेना उसको पहले तौल।

* * *

राहुल और मोदी

राहुल की मोदी से तुलना
है करना व्यर्थ समय अपना
है एक हकीकत में पी एम
और दूसरा देख रहा सपना।
एक को बोलने का ज्ञान नही
दूसरों का उसको सम्मान नहीं।
एक लगा देशहित में हरदम
पद का उसको अभिमान नहीं।
एक ने वर्षों संघर्ष किया
तब जाकर ये पद पाया है।
और एक विरासत में हर पद
माँ बाप से अपने पाया है।
है दूर हकीकत से कोई
कोई हालातों को समझा है।
एक लगा देश की उन्नति में
कोई षडयन्त्रों में उलझा है।
एक लिखा लिखाया बोल रहा
शब्दों का उसको ज्ञान नही।
पूर्वजों के नाम से जीता वह
उसकी अपनी पहचान नहीं।
दूजे को गौर से सुन लो तुम
भाषा पर पूर्ण नियंत्रण है।

हर विकसित देशों से भी
उसको आता आमंत्रण है।
उसके आने से दुनिया में
भारत की छवि भी सुधरी है।
भारत की तस्वीर विश्व में
अलग तरह से उभरी है।

* * *

लगता है यह पुरवाई है

यह हवा किधर से आई है
लगता है यह पुरवाई है
सावन की फुहारों से भीगी
मेरे गाँव की खुशबू लाई है।
अपने संग भरकर झोले में
बचपन की यादें लाई है
शायद उसको यह पता चला
कि मेरे यहाँ तनहाई है
यह हवा कहाँ से आई है
लगता है की पुरवाई है।
खुशबू इसमें है मिट्टी की
मेरे गाँव के चोखे लिट्टी की
शीतलता नदी की लाई यह
गरमाहट इसमें अंगीठी की।
बाँसो से जब यह गुजरती है
लगता बजती कोई सीटी है
सरसर करती इसकी आवाजें
कानों को लगती मीठी हैं।
मिट्टी में लिपटे बचपन को
वह मुझसे मिलाने लाई है
यह हवा कहाँ से आई है
लगता है यह पुरवाई है।

* * *

पर्यावरण दिवस की संध्या पर

सूख गये अब कुँए गाँव के
सूख गये सब नदी तालाब
महँगा हो गया दूध गाँव में
बिकने लगी हर तरफ शराब।
बाग बगीचे गायब हो गये
लुप्त हो गये खेल मैदान।
नदियाँ जो कल कल बहती थी
आज हो गयी हैं सुनसान।
दरवाजे से बैल हट गये
ट्रैक्टर ने ली उनका स्थान।
मानवता छू मंतर हो गयी
बदल गया कितना इंसान॥
कैसा हुआ विकास विश्व का
टूट गये सम्मिलित परिवार।
बुढ़ापा अभिशाप बन गयी
बच्चो का है अलग परिवार।
भाई भाई के घर आता
बन करके अब बस मेहमान।
दिखते तो संपन्न सभी हैं
पर हृदय सबका सुनसान।
जल गायब हो गया धरा से
प्रेम विलुप्त हो रहा हृदय से।

जल की बूँद न कल को होगी
यदि मानव न उठा समय से॥
आओ मिलकर पेड़ लगाएं
बूँद बूँद हम पानी बचाएं।
पर्यावरण बचाकर रखें
बच्चों को तो कुछ दे जायें॥

* * *

पहली बरसात

सुबह सुबह बरसे हैं बादल
जैसे आकर वर्षा सावन
प्यास बुझी तपती धरती की
हरियाली लगती मनभावन।
आमों के झुरमुट के भीतर से
कोयल मीठे गीत सुनाती
भीगी धरती की मिट्टी से
सोंढ़ी सोंढ़ी खुशबू आती।
भीगे पंखो को लेकरके
गौरैया भी फुदक रही है
सखियों के संग देखो मैना
पेड़ के उपर चहक रही है।
कीट पतंगों की टोली भी
निकल पड़ी ले अपनी सेना
धरती ऐसी लगती जैसे
दुल्हन कोई आई गौना।
धरती का ये रूप देखकर
बहक गयी जैसे पुरवाई
नाच उठी पेड़ों की डाली
पत्तों ने भी ली अंगड़ाई।

बिन मौसम बरसात ने आकर
गर्मी को है दूर भगाया
सूख रही घासों के अन्दर
फिर से नवजीवन है आया।

* * *

मस्त सावन आ गया

रोशनी भी देखकर
तेरी रोशनी शरमा गई
लग रहा था चाँदनी चलकर
जमीं पर आ गयी।
आँखों का तेरे ये काजल
बादलों को भा गया
झूमकर काली घटाओं
संग वह भी आ गया।
देखकर तेरी जुल्फ काली
पवन भी पगला गया
बार बार छूकर उन्हें वह
गालों पर बिखरा गया
लग रहा था दृश्य जैसे
मस्त सावन आ गया।
चेहरे का तेरे नूर ये
परियों को हतप्रभ कर गया
जिसने देखा रूप तेरा
भूल अपना घर गया
खूशबू से तेरे चमन का
कोना कोना भर गया
लगता है जैसे कि फिर से
मस्त सावन आ गया।

* * *

सपना टूट गया

देखा था पहली बार तुम्हें
चन्दा की स्वच्छ चाँदनी में
बैठी थी चुपचाप अकेले
जब तुम अपने उपवन में।
उन मन्द हवा के झोंकों से
जब जुल्फ तेरी लहराती थी
तब तब तेरे गोरे मुख पर
एक बदली सी छा जाती थी।
जाने क्या अकेले सोच सोच
तुम मन्द मन्द मुसकाती थी
तेरा वह अनोखा रूप देख
चाँदनी भी खुद शरमाती थी।
मिलने को तुमसे आया तो
खुद को भी मैं था भूल गया
था सोच रहा कुछ बात करूँ
इतने में सपना टूट गया।

* * *

अच्छा लगता है

अच्छी अच्छी बातें करना
अच्छा लगता है
बड़े बड़े सपनों में खोना
अच्छा लगता है
दूजों पर नित दोष लगाना
अच्छा लगता है
पर अपनी कुर्बानी देने से
डर लगता है
तुम आकर कुर्बानी दे दो
ऐसा कहना अच्छा लगता है
पीछे छुपकर भाषण देना
अच्छा लगता है
भारत का इतिहास सुनाना
अच्छा लगता है
पर खुद को हिन्दू कहलाने से
डर लगता है
गुरूकुल को आदर्श बताना
अच्छा लगता है
पर बच्चों को कान्वेंट भेजना
अच्छा लगता है
देख हमारे इस व्यवहार को
देश ये रोता है

और सनातन धर्म हमारा
अश्रु बहाता है
हम सबको बस बातें करना
व्हाट्सएप पर संदेशों को
अग्रसरित करना
अच्छा लगता है
पर बच्चों को वेद पढ़ाने से
डर लगता है
अच्छी अच्छी बातें करना
अच्छा लगता है
असली चेहरा छुपा के रखना
नकली चेहरा नित दिखलाना
अच्छा लगता है।

* * *

फोन मिलायें

अपनों को हम आज फोन मिलायें
चलो आज मिलकर दिवाली मनायें
प्रेम का एक दिया अपने दिल में जलाएं
तिमिर जो है नफरत का उसको मिटायें
पतन हो रहा जो अपनी संस्कृति का
करें हम प्रतिज्ञा और उसको बचायें
भटक जो गये हैं युवा आजकल के
दिवाली का मतलब उन्हें हम बतायें
जो रिस्ते कहीं थोड़ा ढीले पड़े हैं
नई रोशनी से उन्हे फिर निभायें
करें याद हम राम के आगमन को
और बच्चों को उनकी हम गाथा सुनायें
न जीवन का उद्देश्य धनोपार्जन है
उन्हें जीवन के मुल्यों से अवगत करायें
करें गर्व भूमि भारत पर हम सब
और बच्चों को भारत की महिमा बतायें
करें बन्द व्हाट्सएप की शुभकामनाएं
और अपनों को हम आज फोन मिलायें।

* * *

अभियन्ता दिवस

अभियन्ता दिवस मना लो
नाच लो गा लो मुस्करा लो
कुछ देर के लिए ही सही
अपने दिल को बहला लो।
न पहले सी शान न पहले सा सम्मान
अब अभियन्ता कहलाने से भी
डर लगता है भगवान
हीन निगाहों से देखता है इंसान।
पर अब न वो गुरूर है
न वो शुरूर है
न ही पहले वाला रूतबा हूजूर है
आज २१वी सदी में
अभियन्ताओं की भरमार है
हर गली हर नुक्कड़ पर बिखरा है अभियन्ता
पर कोई बेबस तो कोई मजबूर है।
अब वह दिन भी नहीं दूर है
जब रिक्शा से हवाई जहाज तक
सब कुछ अभियन्ता चलाएगा
बीबी नौकरी करेगी और अभियन्ता
घर में रोटी बनायेगा।
किसने सोचा था कि एक दिन
अभियन्ता सन्तरी बनेगा

और चायवाला प्रधानमंत्री बन जायेगा।
अभियन्ता कलेक्टर भी बन जायेगा
फिर भी बहन जी के चप्पल उठाएगा
सड़के पुल मकान बनायेगा
पर शाम को नेताओं की नौकरी बजायेगा
दफ्तर में अधिकारी की
और घर में गृहमंत्री की डाँट खायेगा।
अब वह दिन दूर नहीं जब
शहर के हर नुक्कड़ पर
अभियन्ता पान के पत्तों में
चूना और कत्था लगाएगा।

* * *

कोविड में गणेशोत्सव

अबकी वर्ष जब आए गणेशा
फैला है जग में चहुँ दिश कलेषा
राक्षस कोविड बनकर आया
पूरे विश्व को उसने डराया
मुँहपर सबके मास्क लगवाया
अपनों से भी दूर करवाया
पर्यटन पर उसने रोक लगाई
होटल की बन्द हुई कमाई
जनता सब उससे घबराई
बनी नहीं अभी उसकी दवाई
बन्द विद्यालय बन्द पढाई
बच्चों को छुट्टी रास न आई
बन्द है बस और बन्द है रेल
दुनिया में सब बन्द है खेल
व्यापार की वाट लगी है
गरीब के घर में आग लगी है
अपनों से अपने छूट रहे हैं
रिश्ते जैसे टूट रहे हैं
कोविड का आतंक है ऐसा
चैन सभी का लूट रहे हैं
मन्दिर सारे बन्द पड़े है
भक्त अचंभित सभी खड़े हैं

आये हो जब तुम आज गणेशा
सुन लो जग का एक संदेशा
कोविड को तुम मार भगाओ
आपस में तुम प्रेम जगाओ
दुविधा में आज विश्व पड़ा है
संकट से तुम सबको बचाओ
आज जरूरत जग को तेरी
अपना अनुपम रूप दिखाओ
विघ्नकर्ता है नाम तुम्हारा
हरो विघ्न विश्वास दिलाओ
अवसर उचित है आज गणेशा
नाम को अपने सार्थक बनाओ
अबकी जब तुम वापस जाओ
कोविड को भी संग ले जाओ
शक्ति को अपनी आज दिखाओ
सबके हृदय में तुम बस जाओ।

* * *

शिक्षक दिवस

पहली शिक्षक माँ होती है
माँ चरणों में करो प्रणाम
अविरल निश्छल प्रेम है माँ का
सेवा करती वह निष्काम।
दूजे शिक्षक पिता हमारे
प्रेम कभी नहीं वे दर्शाते
जीवन अपना बने ये सुन्दर
इसीलिए नित डाँट लगाते।
तीसरे शिक्षक भाई बहन हैं
संग खेले संग खाते पीते
सभी गल्तियों को मेरी वे
मात पिता से सदा छुपाते।
चौथे शिक्षक मित्र हमारे
बिना स्वार्थ के साथ निभाते
खुशियों में आएँ न आएँ
गम में छोड़ कभी ना जाते।
पाँचवें शिक्षक विद्यालय के
लिखना पढ़ना हमें सिखाया
कान पकड़कर कभी बिठाया
कभी बेन्च पर खड़ा कराया
और कभी मुर्गा बनवाया।
आखिरी शिक्षक खुद यह जीवन

जिसने हमें संघर्ष सिखाया
कभी दुःखों के बादल लाया
कभी खुशियों के पुष्प बरसाया।
हर ठोकर कुछ शिक्षा दे गयी
सबने कुछ ना कुछ है सिखाया
जीवन के इस लम्बे सफर में
सबसे कुछ ना कुछ है पाया।
आज नमन है सब गुरूजन को
आज नमन सारे परिजन को
आज नमन सब मित्रजनों को
आज नमन है विद्या धन को
आज नमन उन सब लोगों को
जिसने दिशा दिया जीवन को।

* * *

व्हाट्सप की लड़ाई

सुबह सुबह उठकर हम
प्रतिदिन संदेश अग्रेषित करते हैं
वर्षों से जो गहन मित्र थे
आज व्हाट्सप पर लड़ते हैं।
वर्षों तक जो साथ में खेले
साथ में किये पढ़ाई
बिना वजह के बहस करें
और व्हाट्सप पर करें लड़ाई।
जी करता है युद्ध भूमि में
कफन ओढ़कर आ जाऊँ
पर छुट्टी है नहीं आज फिर
कैसे मैं तलवार उठाऊँ।
सोच रहा हूँ अपनों पर मैं
कटु शब्दों के बाण चलाऊँ
आहत कर लूँ जब अपनों को
चैन से जाकर फिर सो जाऊँ।
मित्र मोह में फँसा हुआ हूँ
कैसे उनपर शस्त्र चलाऊँ
युद्ध शुरू करने के खातिर
बोलो कृष्ण कहाँ से लाऊँ।

सहनशीलता अपना लूँ तो
घुटन नहीं जीने देगी
जब तक मित्र यहाँ हैं अपने
जिन्दगी जहर न पीने देगी।

* * *

व्हाट्सप की यलगार

आओ समूह के प्रमुख सदस्यों
जंग का हम यलगार करें
राजनीति का कवच पहनकर
एक दूजे पर प्रहार करें।
रविवार छुट्टी का दिन है
आओ इसे बेकार करें
व्यर्थ छेड़ दें बहस कोई
पर गल्ती नहीं स्वीकार करें।
बुद्धि विवेक ताखे पर रखकर
कटु शब्दों से प्रहार करें
आओ समूह के प्रमुख सदस्यों
जंग का हम यलगार करें।
अहम को अपने दे महत्व हम
अफवाहों का प्रचार करें
एक दूजे की इज्जत को हम
नग्न और लाचार करें
आओ समूह के प्रमुख सदस्यों
जंग का हम यलगार करें।
जो हैं अपनी पहुँच से बाहर
उनका नया नया नाम धरें
पप्पू फेकू और रायता पर
आपस में हम कटें मरें

आओ समूह के प्रमुख सदस्यों
जंग का हम यलगार करें।
शिक्षा की सब परंपराओं का
आओ हम बलिदान करें
व्हाट्सप रूपी संस्थान से
आओ नया अनुसंधान करें
आओ समूह के प्रमुख सदस्यों
जंग का हम यलगार करें।
सुबह सुबह उठकर हम पहले
आसन योग न ध्यान करें
एक दूजे पर कीचड़ फेंकें
फिर चैन से हम जलपान करें
आओ समूह के प्रमुख सदस्यों
जंग का हम यलगार करें।

* * *

मार्डन हो रहा हूँ

लगता है कि अब मैं भी
मार्डन हो रहा हूँ
रातों को जग रहा हूँ
और दिन में सो रहा हूँ
मैं भूलकर नमस्ते अब
हेलो हाय कर रहा हूँ
लगता है कि अब मैं भी
मार्डन हो रहा हूँ।
माँ को मैं आजकल
मम्मी बुला रहा हूँ
पिताजी को आजकल
मैं डैडी बता रहा हूँ
चरण स्पर्श करने के बजाय
शेक हैन्ड कर रहा हूँ
लगता है कि अब मैं भी
मार्डन हो रहा हूँ।
फटी जिन्स पहन करके
फैशन बता रहा हूँ
मैं सभ्यता की अपनी
नित बलि चढ़ा रहा हूँ
लगता है कि अब मैं भी
मार्डन हो रहा हूँ।

गुरूओं का मान मर्दन
हर रोज कर रहा हूँ
अपनी ही संस्कृति की
खिल्ली उड़ा रहा हूँ
लगता है कि अब मै भी
माडर्न हो रहा हूँ।
मट्ठे और दही दूध की
तौहीन कर रहा हूँ
नित बैठ करके बार में
अंग्रेजी पी रहा हूँ
लगता है कि अब मै भी
माडर्न हो रहा हूँ।
घर के पवित्र खाने से
मैं बोर हो रहा हूँ
नित होटलों में बैठकर
बर्गर चबा रहा हूँ
लगता है कि अब मै भी
माडर्न हो रहा हूँ।
गायों को मार डण्डे
घर से भगा रहा हूँ
कुत्तों को सुबह शाम
मैं अब घुमा रहा हूँ
लगता है कि अब मै भी
माडर्न हो रहा हूँ।
अपनी थी जो विरासत
उसको लुटा रहा हूँ

मृगमरीचिका के पीछे
सरपट लगा रहा हूँ
लगता है कि अब मै भी
मार्डन हो रहा हूँ।
मैं छोड़कर जनेऊ
टाई लगा रहा हूँ
अपने सब रिवाजों को
ढकोसला बता रहा हूँ
लगता है कि अब मै भी
मार्डन हो रहा हूँ।
सही और गलत का अंतर
नहीं समझ पा रहा हूँ
मैं दूसरों की सभ्यता
अपनाए जा रहा हूँ
लगता है कि अब मै भी
मार्डन हो रहा हूँ।

* * *

तुम इतना क्यों सताती हो

बताओ ऐ प्रिये मुझको
तुम इतना क्यों सताती हो।
मेरी साँसों में बसती हो
मेरे दिल में तुम रहती हो
मेरे सपनों में नित आकर
तुम मुझसे बातें करती हो।
मगर जब खोलता आँखें
नजर मुझको न आती हो
बताओ ऐ प्रिये मुझको
तुम इतना क्यों सताती हो।
इसारे कर कभी आँखों से
तुम मुझको बुलाती हो
मगर जब पास आता हूँ
तुम मुझसे रूठ जाती हो।
अकेले में प्रिये तुम तो
प्रेम के गीत गाती हो
बताओ ऐ प्रिये मुझको
तुम इतना क्यों सताती हो।
बहारें जब भी आती थी
चमन में फूल खिलते थे
अक्सर सपनों में आकर
वहीं हमलोग मिलते थे।

ये रातें भी निराली हैं
नये सपने दिखाती हैं
सुबह हर रोज संग अपने
हकीकत लेकर आती है।
जमाने भर की हैं बातें
नजर दिन में न आती हो
बताओ ऐ प्रिये मुझको
तुम इतना क्यों सताती हो।

* * *

यह कैसा जहर है

हवाओं में फैला
यह कैसा जहर है
हर एक दिल में
कोरोना का डर है।
बचा न कोई गाँव
न कोई शहर है
हो रहा मुश्किल
यह जीवन सफर है।
नहीं मिल रही हैं
कहीं पर दवायें
डराती हैं शमशान
की जलती चितायें।
साँसों की सबको
कमी हो रही है
बिलखती हैं मायें
और बहन रो रही हैं।
छुपाये हुए मुँह
सभी को है चलना
है वर्जित सभी का
घरों से निकलना।
प्रकृति पर किया जुर्म
हमने है जितना

इसी जिन्दगी में
पड़ेगा भुगतना।
हमारे ही कर्मों का
यह सब असर है
जो आज हो रहा है
प्रकृति का कहर है।
अपने भी मिलने से
कतराने लगे हैं
और बच्चे स्कूल को
भुलाने लगे हैं।
है धुँधली सी मंजिल
पथरीली डगर है
अकेले है चलना
यह मुश्किल सफर है
हवाओं में फैला
यह कैसा जहर है।

* * *

सेवा निवृत्त

सेवा निवृत्त जब हो जाना
गीता पढ़ना तुम
थोड़ा भी मत तुम घबड़ाना
यह सोचकर खुश तुम हो लेना
है नहीं अब आफिस आना जाना।
जब चाहो सोकरके उठना
अपनी मर्ज़ी के मालिक तुम
पर ध्यान रहे आलस्य त्याग
कुछ देर तक नित्य टहलना तुम।
संगीत प्रेम हो यदि थोड़ा
तो प्रतिदिन गाने सुनना तुम
अब तक तो शायद नहीं किया
पर अब हरदिन गीता पढ़ना तुम।
यदि बाल गोपाल मिलें तुमको
उनके संग समय बिताना तुम
और भूल अवस्था को अपनी
उनके संग बच्चे बनना तुम।
कुछ दाने चिड़ियों को देना
उनसे भी बातें करना तुम
दाने खा जब वे उड़ने लगें
फिर उनको देखा करना तुम।
आया के आने से पहले

तुम उठकर चाय बना लेना
आफिस के ठाट नहीं होंगे
यह सोचकर मन बहला लेना।
गर आया सबकुछ करती है
तो भाभी को पार्क घुमा लेना
फिर बैठ घासपर तुम पल दो पल
भाभी से कुछ बतिया लेना।
नकारात्मक खयालों को
मन में न कभी आने देना
यह नया जो अवसर आया है
हाथों से न तुम जाने देना।
यादों के झरोखे खोल कभी
उसमें झाँका करना तुम
जब भी कोई अवसर आए
सबसे हँसकरके मिलना तुम।
कभी व्यर्थ तनाव नहीं रखना
दिल खोलकर प्रतिदिन हँसना तुम
कल क्या थे कल क्या होंगे हम
यह सोच कभी मत डरना तुम।

* * *

घर में रहा कबीरा

कोरोना की भेंट चढ़ गयी
दो वर्षों से होली
रंग गुलाल सब फीके पड़ गये
मिले नहीं हमजोली।
ना ही हुई हुड़दंग होली की
न हुआ सारा रा रा
न ही बाजे ढोल नगारे
ना ही गाया जोगीरा।
ना ही किसी को रंग लगाया
ना ही लगाया अबीरा
कोरोना के डर से यारों
घर में रहा कबीरा।
ना ही भाँग की भेंट चढ़ी
ना ठंढई ना ही जलजीरा
मालपुआ गुझिया भी छूटी
बैठ के खाये खीरा।
घूमन फिरन पर रोक लगी है
घर में घुटन और पीरा
हाथ मले खुदपर झल्लाए
घर में बैठ कबीरा।

* * *

मन की प्यास

क्यों बुझती नहीं मन की यह प्यास
जीवन को किसकी है तलाश
क्यों बुझती नहीं मन की यह प्यास
इतना कुछ तो है पास मगर
फिर भी मन क्यों रहता उदास।
जीवन के लिए जरूरी है
थोड़ा भोजन और स्वच्छ श्वांस
सर पर एक छोटी सी छत हो
और अपने सब हों आस पास।
निर्मल जल हो उज्वल मन हो
पशु पक्षियों का भी रहे बास
फूलों काटों एवं पेड़ों में भी
जीवन है यह हो एहसास।
हो सुबह पक्षियों का कलरव
और शाम झींगुरों की गुंजन
सोंधी मिट्टी की खुशबू हो
एक हरा भरा सा हो उपवन।
फूलों की भीनी खुशबू हो
भौरों की उसपर मधुर तान
बहुरंगी तितलियों का दल हो
और आमों पर कोयल का गान।
मन्दिर में मन्त्रों का उच्चार

मन में बस प्रभु का रहे ध्यान
हर जन में सनातनी गुण हो
एक दूजे का हम करें सम्मान।
हर घर में बड़ों का आदर हो
घर छोटा ही सही पर दिल सागर हो
दूजों की प्यास बुझा दे जो
हर दिल में ऐसी गागर हो।
मेहनत से कभी ना घबरायें
हाथों से अन्न हम उपजायें
इस तेज भागती दुनिया से
आओ अब गाँव लौट जायें।
इच्छाओं का कुछ दमन करें
सादे जीवन का चयन करें
लें खुली हवा में साँसे कुछ
और ब्रह्म काल में भ्रमण करें।
शायद रूक जाए यह तलाश
बुझ जाए मन की अमिट प्यास
अपनों के संग अगर मिल हम
फिर प्रकृति बीच कर लें निवास।

* * *

जीवन की दौड़

जाने क्या सब ढूँढ रहे हैं
जिसका घर है जो बेघर है
जीवन में तो सबको डर है
मंजिल सबकी एक जगह है
पर जाने की अलग डगर है।
नश्वर जीवन यहाँ है सबका
मूर्ख है वह जो समझे अमर है
गाँव चाहता बने शहर वह
पर उससे बदतर आज शहर है।
आगे बढ़ने की लगी होड़ है
जीवन में यहाँ कई मोड़ है
एक दिन सबको रूकना होगा
फिर भी सरपट रहे दौड़ हैं।
जाने क्या सब ढूँढ रहे हैं
एक दूजे को लूट रहे हैं
सोने के मृग की तलाश में
अपने खुद से छूट रहे हैं।
लाखों रावण यहाँ पड़े हैं
सोने का मृग लिए खड़े हैं
छोड़ अयोध्या अपनी प्रतिदिन
अनगिनत राम नित भेंट चढ़े हैं।

* * *

यादों की बरसात

कल वर्षों बाद थे यार मिले
फिर जाने कैसे रात गयी
कुछ मीठी मीठी यादों की
जैसे रिमझिम बरसात हुई।
तीन दशक के बाद पुनः
एक पहले जैसी शाम हुई
थी खास बहुत कल की बैठक
मत समझो की यह आम हुई।
चेहरे कुछ बदले बदले थे
कुछ भाषा में परिवर्तन था
तब शुरू हो रहा यौवन था
कल जैसे ढलता जीवन था।
कितने ही गुबार उठे मन में
मिलने का तो सबका मन था
पर मिले कहाँ किस रोज मिलें
इस दुविधा में अन्तर्मन था।
वह सबसे अलग दिखा कल भी
वह गंगाजल सा निर्मल था
बातें सच बोल गया वह सब
पर उसमें नहीं कोई छल था।
कुछ सुनापन था आँखों में
कुछ दर्द छिपे थे सीने में

कुछ खालीपन था जीवन में
जिसे ढूँढ रहा वह पीने में।
मत समझो कि नहीं होश में था
वह तो कल पूरे जोश में था
दिल की सच्चाई बोल गया
वह यादों के आगोश में था।

* * *

गम में न कभी तुम घबराना

गम में न कभी तुम घबराना
कुछ धुँधली धुँधली यादें हैं
कुछ भूले बिसरे वादे हैं
सब व्यस्त हैं अपनी दुनिया में
पर सबके नेक इरादे हैं।
मिलने की चाह सभी को है
पर दुर्गम राह सभी की है
उपर से दिखते सब प्रसन्न
पर दिल में आह सभी के है।
दुनिया ये सिमटती जाती है
दूरी भी घटती जाती है
कितने भी दूर रहें यारों
दिल की धड़कन मिल जाती है।
है मृगमरीचिका सा जीवन
सबकी एक अलग कहानी है
जीवन में कुछ क्षण आते ऐसे
जब सब कुछ लगता बेमानी है।
गम में न कभी तुम घबराना
ना खुशी में ज्यादा इतराना
ये दोनों जीवन के राही
मुश्किल है इनका टिक पाना।

* * *

हम वर्तमान को जी लेंगे

हम वर्तमान को जी लेंगे
कल चला गया कल आयेगा
कल कल से मिल नहीं पायेगा
दो कल के बीच में फँस करके
मेरा वर्तमान पिस जायेगा।
कल में कल की मुझको तलाश
कल बुझ जाये कल की वो प्यास
कल और कल के घनचक्कर में
मिट गया आज का भी एहसास।
इस कल और कल के चक्कर में
हम वर्तमान को खोते हैं
जब वर्तमान खो जाता है
हम कल इसको लेकर रोते हैं।
कल की आशा में जगते हैं
कल की चिन्ता में सोते हैं
कल ही तो आज का दुश्मन है
फिर भी हम कल को ढोते हैं।
हम वर्तमान को भूल गये
जबकि कल एक छलावा है
कल होगा सुन्दर और हसीन
हम करते यही दिखावा है।

कल चला गया भूलो उसको
कल आयेगा तो देखेंगे
आओ मिलकर यह शपथ करें
हम वर्तमान को जी लेंगे।

* * *

बस दीप जले

दीपावली में बस दीप जलें
कल सोच रहा था शब्दों का
कुछ ताना बाना बुन लूँगा
शायद कुछ शब्द पिरोकरके
एक सुन्दर कविता लिख लूँगा।
पर शोर पटाखों का सुनकर
मन थोड़ा थोड़ा विचलित था
और देख धुँआ के गुब्बारे
अंबर का मन भी चिन्तित था।
आँखों में जलन साँसों में घुटन
फिर भी कैसा यह पागलपन
हैं दुःखी पेड़ पौधे सारे
भयभीत सभी पशुओं का जीवन।
मानव नित करता आडंबर
छूना चाहे वह तो अंबर
नित क्षितिज पकड़ना चाहे वह
और भूल रहा है अपना घर
रूक गयी कलम थम गये हाथ
अब शब्द छोड़ने लगे साथ
दीपावली में बस दीप जले
सबको सुबुद्धि दो हे नाथ।
सरयू तट पर जगमग करता

दीपों का सुन्दर यह प्रकाश
मन में लाता एक नई आस
कल हर घर में बस दीप जलें
मन में उठता है यह विश्वास।

* * *

तुम धीरे धीरे सो जाओ

तुम धीरे.धीरे सो जाओ
तेरी आँखों में मस्ती है
तुममें ही साँसें बसती हैं
हैं सिले हुए लब तेरे पर
आँखें सबकुछ तेरी कहती हैं।
तुम श्रोत हमारी कविता की
तुम मीठे जल की सरिता हो
तुम खूशबू शूर्ख गुलाबों की
तुमसे ही जीवन चलता है।
तुम फूलों में जैसे हो गुलाब
तुम चन्दा जैसी शीतल हो
तुम श्वेत हंसिनी सी चंचल
तुम गंगाजल सी निर्मल हो।
गंगा धारा सी अविरल हो
तुम इन्द्रलोक की रम्भा हो
मेनका शकुन्तला सब तुममें
तुम जग में एक अचम्भा हो।
आँखों में सम्मोहन तेरे
होठों पर यौवन का रस है
बालों में सावन के बादल
चेहरे पर यशस्वी सा यश है।
हर तरफ तुम्हारी खूशबू है

अमृत में भी तेरा रस है
लोहे को छू सोना कर दो
तुम एक अनोखा पारस हो।
परियाँ आकर लोरी गाएँ
तुम धीरे धीरे सो जाओ
कोमल मखमल का बिस्तर हो
मीठे सपनों में खो जाओ।
कह दूँगा शोख हवाओं से
जुल्फों को तेरी न बिखराएँ
चाँदनी तेरी खिड़की से आ
गालों को तेरे सहलाए।

* * *

लतखोर

ये जो लतखोर है
वे बाज नहीं आयेंगे
बिना ही बुलाये
हर जगह घुस जायेंगे।
हर गाँव हर शहर में
ये आपको मिल जायेंगे
अपनी तारीफ में
कसीदे ये सुनायेंगे।
पब्लिक प्लेस पर
हमेशा मिल जायेंगे
बीच चौराहे पर
ये शोर भी मचायेंगे।
कभी बने भक्त
कभी चमचे बन जाते है
बीच चौराहे पर ये
अक्सर पिट जाते हैं।
चप्पल जूते खाकर भी
ये सदा मुस्कराते हैं
मीठी मीठी बातें कर
ये सबको फँसाते है।
अपने फायदे के लिए
दुम ये हिलाते हैं

काम निकल जाये तो
वे दूर से गुर्राते हैं।
खुले साँड़ सा ये
सबसे भिड़ जाते हैं
अपनों के बीच
मतभेद ये कराते हैं।
मिलते ही पहले ये
प्रेम से मुस्करायेंगे
मौका तलाश फिर
चूना ये लगायेंगे
ये जो लतखोर हैं
ये बाज नहीं आयेंगे।

* * *

यही विनती तुमसे भगवान

यही विनती तुमसे भगवान
अप्रतिम प्रतिभा का भंडार
भरा था जिसमें निश्छल प्यार
छोड़ कर इस दुनिया को आज
चला उस दुनिया को मेरा यार।
दिखाया जिसने था संसार
दिया जिसने अग्रज सा प्यार
उलझने जब भी आई पास
खड़ा पाया संग उसको हरबार।
ज्ञान बाँटा उसने भरपूर
रहा नहीं अपनों से कभी दूर
बहुत कुछ हासिल किया उसने
मगर कभी किया नहीं गुरूर।
रही चेहरे पर सदा मुस्कान
मधुर वाणी जिसकी पहचान
महफिलों में आकर वह निःसंकोच
छेड़ देता था अपनी तान।
निकलकर अँधेरों से उसने
बनाई अपनी एक पहचान
रहे खुश सदा आत्मा उसकी
यही विनती तुमसे भगवान।
मित्र को श्रद्धांजलि

* * *

सपनों की मंजिल

हम किधर जा रहें हैं
दुनिया बदल रही है
मँहगाई बढ़ रही है
परिवार की यह गाड़ी
पैदल ही चल रही है।
जिंदगी की तलाश में
जिंदगी भटक रही है
पग पग पर चलते चलते
हर पल अटक रही है।
यहाँ जिन्दगी की जिन्दगी से
जंग चल रही है
रिश्तों की बागडोर
थोड़ी तंग चल रही है।
इंसान बढ़ रहा है
दिन रात पढ़ रहा है
पर ज्ञान के अभाव में
आपस में लड़ रहा है।
दौलत की चाह में नित
वह उपर चढ़ रहा है
पर इंसानियत के मार्ग पर
वह नीचे फिसल रहा है।
सावन के बादलों सा

इंसान उड़ रहा है
अनभिज्ञ सा वह खुद के लिए
जाल बुन रहा है।
कोई भाव खा रहा है
कोई ताव खा रहा है
सहनशीलता को खोकर
कहाँ इंसान जा रहा है।
अब सोचना है सबको
हम किधर जा रहे हैं
सपनों की मंजिल के लिए
क्या कीमत चुका रहे हैं।

* * *

रावण को किसने मारा

रावण को किसने मारा
एक प्रश्न उठा मेरे मन में
कि रावण को किसने मारा
था महाबली जो शूरवीर
वह युद्ध भूमि में क्यों हारा।
वह महाज्ञानी और पंडित था
ये ज्ञान ही तो दशमस्तक थे
उसके पौरूष के आगे तो
सब देवलोक नतमस्तक थे।
था महादेव का भक्त प्रबल
बल बुद्धि में था वह बहुत सबल
फिर क्यों नर बानर के आगे
हो गया युद्ध में वह दुर्बल।
कहते हैं राम ने रावण को
लंका में जाकर मारा था
पर सच यह है कि वह तो
खुद अहंकार में हारा था।
सीता का उसने हरण किया
इस अपराध से था वह डरा हुआ
अपराध न वह स्वीकार सका
क्योंकि मय से था वह भरा हुआ।
जब मय अन्दर आ जाता है
सारा विवेक खो जाता है

फिर बाली सा बलशाली भी
शक्तिहीन हो जाता है।
श्रीराम तो बस एक माध्यम थे
रावण को मय ने मारा था
हो बहन प्रेम में पागल वह
नर बानर से युद्ध में हारा था।
सतयुग से लेकर कलयुग तक
है दुनिया रावण से भरी हुई
हैं राम नहीं इस कलयुग में
अब हर सीता है डरी हुई।
क्यो खुश हो ताली बजा रहे
जिसे जला रहे वह पुतला है
सतयुग के रावण की तुलना में
कलयुग का रावण बदला है।
आओ अपने अन्दर झाँकें
खुद के रावण को पहचाने
हैं राम छुपे जो थोड़े से
उनको भी तो हम सब जाने।
अपने रावण को हम मारें
निज में एक राम विकास करें
सब रावण अपने अन्दर है
इस पर हम सब विश्वास करें।
आओ मय का परित्याग करें
हर जन में राम उजागर हों
नफरत और घृणा का दहन करें
हर जन में प्रेम का सागर हो।

* * *

रिश्तों का अर्थ

यह जो है चेहरे की किताब
इसके सदस्य हैं बेहिसाब
समय बर्बाद करने का
यह आधुनिक तरीका है जनाब।
यहाँ पर होता नहीं
अमीर गरीब में भेदभाव
यहाँ की यात्रा उतनी ही सुखद है
जितनी की सूखी रेत पर चलती नाव।
यहाँ लोग दूर दूर से आते हैं
आकर एक दूसरे से जुड़ जाते हैं
अपने वास्तविक रिश्तों को भूलकर
यहाँ काल्पनिक रिस्ते बनाते हैं।
लोग यहाँ अपने हुनर भी दिखाते हैं
अपनी कला के वीडियो बनाते है
कुछ स्वर में तो कुछ बेसुरे भी गाते है
कुछ मेरी तरह अज्ञानी लोग
बिना सिर पैर की कविता लिख जाते हैं
फिर भी कई लोग उसको भी
लाइक कर जाते हैं।
यह भी जिन्दगी का एक नया मोड़ है
लोगों में लाइक पाने की लगी होड़ है
मैं भी समझने का प्रयास कर रहा हूँ

कि आखिर यह जिन्दगी की कौन सी दौड़ है।
कितनी घुटन है इस वातावरण में
जहाँ लोग अपनों को भूल जाते हैं
और इस मृगमरीचिका के जाल में
बस काल्पनिक रिस्ते बनाते हैं
बूढ़े माँ बाप जिनके कुछ पल
पाने को तरस जाते हैं
जो उनसे समय न होने का
बहाना बनाते हैं
वही लोग चेहरे की किताब पर
व्यर्थ में घण्टों बिताते हैं।
फेसबुक के रिश्ते सिर्फ
लाइक करने के काम आते हैं
असल रिश्ते तो वे हैं
जो मुसीबतों में भी काम आते हैं
पर आज की इस कृत्रिम दुनिया में
हम सोने को पीतल और पीतल
को सोना समझ जाते हैं
सच्चे रिश्तों को कर दरकिनार
फेसबुक पर झूठे रिश्ते निभाते हैं।
सच तो यह है कि हम
रिश्तों का सही अर्थ ही
समझ नहीं पाते हैं।

* * *

झपकी

कितना डरावना था वह मंजर

बदन में चुभ रहे थे लाखों खंजर

खुशियों के लाखों हसीन ख्वाब

पल भर में जैसे हो गये थे जर्जर

उस भयानक दृश्य से

रूह काँप रही थी

हो सकने वाले परिणामों को

जैसे मन ही मन नाप रही थी

हर शक्स शब्दविहीन था

सबका चेहरा मलीन था

भय से भरे उस वातावरण का

परिणाम बेहद हसीन था

मन में कल्पनाओं के

अनगिनत तार थे

सबके मन में प्रभु के प्रति

अनगिनत आभार और प्यार थे

आठ विस्मित आँखों में

एक ही सवाल था

तेजी से भागती जिन्दगी का

अचानक क्यों यह हाल था

वह कौन थी जो हमारे बीच

इस मुसीबत को ला टपकी

अन्त में यही एक निष्कर्ष निकला
कि वह कोई और नहीं वह थी
पल भर के लिए आई मेरी
आँखों में एक छोटी सी झपकी।

* * *

बेटी

बेटी खुशियाँ लाती है
बेटी जब घर में आती है
संग अपने खुशियाँ लाती है
वह आती नहीं अकेले है
संग रिश्ते बहुत ही लाती है।
पैदा जब बेटी होती है
भैया की बहना होती है
बचपन में रूठकर भाई से
नन्ही गुड़िया जब रोती है
माँ लेकर उसको गोंदी में
भाई को डाँट लगाती है
बेटी जब घर में आती है
संग अपने खुशियाँ लाती है।
बेटी से बहना फिर बुआ
नन्ही गुड़िया बन जाती है
कभी बनी ननद वह भाभी की
कभी वह मौसी बन जाती है
कभी बन साली वह जीजा की
मन ही मन में इठलाती है
बेटी जब घर में आती है
संग अपने खुशियाँ लाती है।
फिर एक दिन ऐसा आता है
जब छोड़ पिता के घर को वह

संग अपने पति के जाती है
दो अनजाने परिवारों में
एक रिश्ता नया बनाती है।
फिर सास ससुर की बहू बनी
घर में पायल खनकाती है
बनती है भाभी देवर की
वह चाची भी बन जाती है।
फिर आती है वह मधुर घड़ी
जब बेटी माँ बन जाती है
बेटी ही तो सास ससुर को
दादा दादी बनवाती है
उनके चेहरे पर खुशियों की
एक नयी उमंगे लाती है।
नाना नानी का आभूषण
माँ बाप को वह पहनाती है
बेटी ही तो इस सृष्टि के
जीवन का चक्र चलाती है।
जीवन का चक्र चलाकर बेटी
एक दिन बूढ़ी हो जाती है
माँ से दादी नानी बनकर
वह एक दिन खुद मिट जाती है
हर रिश्ते में बेटी सबके
चेहरों पर खुशियाँ लाती है।
बेटी जब घर में आती है
संग अपने खुशियाँ लाती है।

* * *

मोदी है तो मुमकिन है

अच्छा लगता है
३७० का हट जाना और
३५ ए का गिर जाना
अच्छा लगता है
गद्दारों का हाथ मिलाना
मोदी से उनका घबराना
अच्छा लगता है
आतंकी को रोज टपकाना
अच्छा लगता है
पत्थरबाजों का छिप जाना
अच्छा लगता है
महबूबा से अब्दुल्ला का हाथ मिलाना
अच्छा लगता है
पाकिस्तान का बौखलाना
अच्छा लगता है
चीन का बिल्ली सा खिसियाना
अच्छा लगता है
यू एस को कुछ समझ न आना
अच्छा लगता है
इमरान का यू एन जाना
अच्छा लगता है
कश्मीर में तिरंगा फहराना

अच्छा लगता है
एक निशान एक विधान एक संविधान
अच्छा लगता है
पी ओ के पर हक जताना
अच्छा लगता है
वन्दे मातरम सबका गाना
अच्छा लगता है
अखण्ठ भारत का सपना देखना
अच्छा लगता है
बुद्धिजीवियों का चुप हो जाना
अच्छा लगता है
राम मन्दिर का भूमि पूजन
अच्छा लगता है
जनसंख्या नियंत्रण और
कामन सिविल कोड का
बाकी सपना है
लेकिन यह मुमकिन लगता है
जबतक मोदी अपना है।

* * *

दिये जलायें

आओ मिलकर दिये जलायें
मर्यादा पुरुषोत्तम राम के
चरणों में हम शीश नवायें
कलुषित मन में राम नाम का
सुन्दर धवल प्रकाश फैलायें
आओ मिलकर दिये जलायें
सरयू के पावन पानी में
गंगा का आभास करायें
आओ मिलकर आज विश्व को
प्रेम का नूतन गीत सुनायें
आओ मिलकर दिये जलायें।
आज अयोध्या की धरती पर
पुनः धर्म की ज्योति जलायें
हो अधर्म का नाश, विश्व को
मानवता का पाठ पढ़ायें
आओ मिलकर दिये जलायें।
आओ खुद में राम जगायें
अपने अन्दर के रावण को
अपने से हम दूर भगायें
आओ मिलकर दिये जलायें।
राम राज्य नहीं रहे कल्पना
उसको मिल साकार बनायें

सारे मिलकर एक ही सुर में
राम नाम का पाठ सुनायें
आओ मिलकर दिये जलायें।
आज अवध मे अवधेश के
राम नाम का डंका है
दूर करो अपने मन से
यदि कोई राम नाम पर शंका है।
भारत के कण कण में राम
भारत के जन जन में राम
भारत के जीवन में राम
आओ जग को राम सिखायें
आओ मिलकर दिये जलायें।

* * *

वे भी क्या दिन थे

वे भी क्या दिन थे

जब चाय की दुकान पर घण्टों बैठ जाते थे

25 पैसे की चाय 8-10 पी जाते थे

जेबें फटी थी फिर भी उन्मुक्त ठहाके लगाते थे

खाली जेबें थी फिर भी ब्रेड पकौड़े खा जाते थे

पेमेंट करने दोस्तों से पहले उठ जाते थे

वो अलग बात है कि अक्सर कापी में ही नाम लिखाते थे

पैसे घर से मनीआर्डर से मंगाते थे

दोस्तों को उनके नाम से बुलाते थे

आज जेबें सिली है पहले से ज्यादा भरी है

फिर भी जिन्दगी पहले से ज्यादा डरी है

उन्नति का प्रभाव है समय का अभाव है

कहीं शूगर तो कहीं रक्त चाप का दबाव है

एक दूसरे से मिलने से घबराते हैं

अक्सर समय न होने का बहाना बनाते है

उन्मुक्त ठहाकों की क्या बात करें अब तो कम ही मुस्करातें हैं

कभी कभी ऐसा लगता है कि

अब शायद दोस्तों से मिलने से भी कतराते हैं

पहले खुश थे या आज खुश हैं ये भी न समझ पाते हैं

पहले घोड़े बेच के सो जाते थे

आज करवटें बदलकर रातें बिताते हैं

हम आगे बढ़ गये या पीछे रह गये
इसी गुत्थी को सुलझाते और उलझाते हैं
पर उसका उत्तर नहीं पा पाते हैं।

* * *

बचपन वाला जमाना

जल्दी जल्दी भाई लोगों
खा लो अपना खाना
हाथ पैर फिर धोकर तुम सब
घी के दिये जलाना
पाठ मृत्युन्जय मंत्र का करना
या कोई भजन ही गाना।
बाहर के अँधियारे के संग
भीतर का तमस मिटाना
दशको बाद पुनः आया है
बचपन वाला जमाना
देखा है मैने भी माँ का
शाम को दीप जलाना
लालटेन में बैठ के पढ़ना
दीप तले था खाना
शोर नहीं था टी वी का घर में
खुली हवा में जल्दी ही सो जाना
आज सभी मिलकरके मित्रों
नौ बजे दिये जलाना
दशकों बाद पुनःआया है
बचपन वाला जमाना।

* * *

घर अपने चीन चलो ना

घर अपने चीन चलो ना

कोरोना कोरोना हे कोरोना

ध्यान से तुम मुझको सुनो ना

पास नहीं आना मुझे हाथ न लगाना

कर देगा मुझको अकेला जमाना

संग नहीं तेरे मुझको है आना

झूठे तुम गले पड़ो ना

कोरोना कोरोना हे कोरोना।

ताक झाँक मुझसे अब तुम करो ना

मिलने की कोशिश मुझसे करो ना

घर में हूँ बैठा चैन से अपने

बाहर नहीं है मुझको आना

व्यर्थ है ये तेरा बुलाना

साधो नही हम पर निशाना

वापस घर चीन चलो ना

कोरोना कोरोना हे कोरोना।

जाल में तुम हमको फँसा ना

प्यार इतना झूठे दिखा ना

चलेगा ना तेरा कोई बहाना

हमने भी सीख लिया हाथ को धोना

हाथ नहीं मुँह पर अब है लगाना

नाकों पर भी मास्क है लगाना

कोरोना कोरोना हे कोरोना।

सब्जी और दूध की ना लालच दिखाओ

मुझको नहीं है यह सब लाना

चैन से बैठा हूँ घर में अपने

सुनता हूँ मैं फिल्मी गाना

कोरोना कोरोना हे कोरोना

घर अपने चीन चलो ना।

* * *

काँप उठी इटली ईरान

कोरोना के इस प्रकोप से
बन्द सभी हैं मधुशाला
इक्कीस दिन के बन्द के कारण
ठेकों पर लटका ताला
खत्म हो गयी दो ही दिन में
घर में थी जो थोड़ी हाला
उन्नीस दिन अब काटने होंगे
घूँट घूँट पीकर विष प्याला।
मोदी जी ने किया पुकार
घर में आज करो इंतजार
घर से बाहर आज न निकलो
रोको कोरोना का प्रहार।
कोरोना है लेकर आई
बर्बादी का एक तूफान
जर्मनी फ्रास अमेरिका काँपे
काँप उठी इटली ईरान।
बन्द किए अपने दरवाजे
ईशु अल्ला और भगवान
थरथर काँप रही मानवता
सदमें में सारे इंसान।
भाग रहे सब इधर उधर हैं
लेकर मुट्ठी में अपनी जान

कोरोना इससे फैलेगी
इन सबसे वह हैं अनजान।
आज जरूरत यही देश को
आओ हम सब बने महान
करें त्याग सार्वजनिक स्थल का
कर दें सड़को को सुनसान।
रहे अकेली पड़ी करोना
कर नहीं पाये वह प्रस्थान
इससे पहले हमें वह मारे
उसको हम भेजें शमशान।

* * *

पप्पू कर गया भंटाधार

छोड़ के नैया काँग्रेस की
बीजेपी में हुए सवार
भगा के अपने बीस पार्सद
महाराज कर बैठे वार
गिर गयी कमलनाथ सरकार
मम्मी बैठी है लाचार
पप्पू कर गया भंटाधार।
मन ही मन मामा मुसकायें
दिल में फूटे लड्डू हजार
कब से बैठे हैं तैयार
चौथी बार बने सरकार
मम्मी बैठी हैं लाचार
पप्पू कर गया भंटाधार।
दीदी के संग जीजा बैठे
घर में अपने करें विचार
एक एक कर खत्म हो रही
प्रदेशों से काँग्रेस सरकार
कैसे करेंगे भ्रष्टाचार
दुख में है पूरा परिवार
मम्मी बैठी हैं लाचार
पप्पू कर गया भंटाधार।
बिन बोले ही पेंच लगाया

देश का चौकीदार
ऐसा झटका दिया जोर का
पंजा हो गया अब बेकार
मम्मी बैठी है लाचार
पप्पू कर गया भंटाधार।

आलू से वह सोना बनाए
करता नित नित नये आविष्कार
डिग्गी चाचा सलाहाकार
जिनका बचा न जनाधार
मम्मी बैठी हैं लाचार
पप्पू कर गया भंटाधार

कर रहे अमित शाह तैयारी
अगली राजस्थान की बारी
सचिन हो रहे हैं तैयार
करने को रिमझिम बौछार
मम्मी बैठी हैं लाचार
पप्पू कर गया भंटाधार।

घर से बाहर सत्ता जाये
मम्मी को नहीं यह स्वीकार
इर्द गिर्द पप्पू दीदी के
घूमें सारे चाटुकार
मम्मी बैठी हैं लाचार
पप्पू कर गया भंटाधार।

मदहोशी में कमल रह गये
मम्मी बैठी थी अनजान
कौन घड़ी में जना था इसको

पप्पू निकल गया नादान
कुछ तो कृपा करो भगवान
शिथिल पड़ रहा पंजा निशिदिन
कैसे होगी नैया पार
मम्मी बैठी हैं लाचार
पप्पू कर गया भंटाधार।

* * *

कोरोना से बचाव

करो ना करो ना करो ना

हमने जो किया वह तुम भी करो ना

कोरोना से इतना तुम तो डरो ना

करो ना करो ना करो ना

बन्द करो अब हाथ मिलाना

कर जोड़कर तुम नमस्ते करो ना

घर में रहो कुछ दिन यात्रा करो ना

करो ना करो ना करो ना।

बन्द करो होटल का खाना

घर में सादा भोजन बनाना

मार पालथी सब संग खाना

छोड़ो माँस मछली शाकाहारी बनो ना

करो ना करो ना करो ना।

छींक या खाँसी आये तो मुँह को ढको ना

व्यर्थ में बार बार मुँह नाक छुओ ना

आँखों पर हाथ न बार बार लगाना

करो ना करो ना करो ना।

साबुन से पहले हाथ को धोना

फिर तुम कोई भी चीज खाना

भीड़ भाड़ में बेवजह न जाना

करो ना करो ना करो ना।

घर में गिलोई का जूस नित पीना

नित प्रातः उठकर योग करो ना
अपने शरीर का ध्यान धरो ना
करो ना करो ना करो ना।
तुलसी दल का सेवन करो ना
चाय के बदले काढ़ा पिओ ना
नियमित तुम प्राणायाम करो ना
कोरोना से बचने का उपाय करो ना
करो ना करो ना करो ना
हमने जो किया वह तुम भी करो ना
कोरोना से व्यर्थ में तुम तो डरो ना।
अफवाहों को मत फैलाना
बचाव के उपाय तुम सबको बताना
अपनों के संग बैठ हँसना मुस्कराना
करो ना करो ना करो ना।

* * *

होली

साल गुजरने पर आता है
होली का त्यौहार
आओ रंग गुलाल लगायें
बाँटें सबमें प्यार।
जाति पाति और धर्म भेद से
उपर यह त्यौहार
रंग लगाओ प्यार का सबको
करना ना इनकार।
आया होली का त्यौहार
सबजन हो जाओ तैयार
करना रंगों की बौछार
बाँटना सब आपस में प्यार।
कच्चे रंग से खेलना होली
सबसे बोलना मीठी बोली
घर के सामने सभी बनाना
अच्छी अच्छी सी रंगोली।
बच्चों को अपने समझाना
होली का महत्व बतलाना
धर्म सनातन कितना प्यारा
बच्चों को अपने सिखलाना।
सनातन के सारे त्यौहार
हैं रखते वैज्ञानिक आधार

जोड़ते ये जन से जन को और
सिखाते प्रकृति से प्यार।
आया होली का त्यौहार
सबजन हो जाओ तैयार।
बनेगी गुझिया और मिठाई
बँटेंगी आपस में बधाई।
गले मिलेंगे सब आपस में
होगी खत्म लड़ाई।
नीले पीले हरे गुलाबी
लाना सभी गुलाल
एक दूसरे को रंग देना
करना गाल को लाल।
आया होली का त्यौहार
सबजन हो जाओ तैयार।

* * *

व्हाटसप बाबा

व्हाटसप बाबा आपकी
सदा ही जयजयकार
आपके द्वारा मिल रहा
ज्ञान का नित अद्भुत भंडार।
आधे झूठे आधे नकली
आधे हैं फर्जी बेकार
टिक टाक में फँसे हुए हैं
कितने ना जाने परिवार।
गलत वीडियो गलत दवाई
कितने गलत उपचार
झूठों का तो बढ़ा हुआ है
तुमसे ही व्यापार।
तुमसे फैल रही अफवाहें
परेशान सारी सरकार
तुम पर ईस्क लड़ाते आशिक
सब सिस्टम हो गया बीमार।
व्हाटसप बाबा आपकी
सदा ही जय जयकार।
घर में व्यस्त सभी हैं तुममें
बात नहीं करते आपस में
नाना नानी दादा दादी

मम्मी पापा मामा मामी
सब हैं मस्त तुम्हारी धुन में।
व्हाटसप बाबा आपकी
सदा ही जय जयकार।

* * *

जली फिर से दिल्ली

जली फिर से दिल्ली

उठी जग में खिल्ली

गरजते थे जो शेर बनकर कभी

छुपे हैं कहीं जाकर बन भीगी बिल्ली

न नेता मरा कोई

न कोई वकील

हुई आज मानवता

फिर से जलील

अभी भी कुछ नेता

बेलगाम घूमते हैं

इन लाशों में भी

अपना फायदा ढूँढते हैं।

ये चमचे और भक्त

जहर बो रहे हैं

हम व्हाटसप पर लिखकर

आँखें बन्दकर सो रहे हैं।

जिन हाथों ने कल थे

पत्थर उछाले

पकड़ हाथ उनकी

उँगलियां निकाले

घरों में जिन्होंने

थे शोले लगाये

उन्हे भी अदालत
उन्ही शोलों मे जलाये।
इन नरभक्षियें में
अमन मत तलाशो
करो सख्त कानून
संविधान तरासो
उपद्रव के जो भी
जनक पाये जाये
पकड़कर उन्हें
बीच चौराहे लायें
कटे हाथ उनके
फिर वे जेल जायें।

* * *

बनो नदी के नीर सा

करो बंद आँखें जब
प्रभु को हो पुकारना
सुखद अनुभूति देता है
यूँ शून्य को निहारना।
कभी अकेले बैठकर
विचारों को निथारना
बुरे विचार त्यागकर
सुविचार को संवारना।
करो बंद आँखें जब
प्रभु को हो पुकारना।
कभी तुम खुद के अश्रू से
हृदय को निज पखारना
ये नफरतों के बीज को
हृदय से तुम निकालना।
नये से पुष्प स्नेह के
हृदय में अपने रोपना
बहे बयार प्यार की
तो बीच में मत रोकना
करो बंद आँखें जब
प्रभु को हो पुकारना।
छुपा सकल ब्रह्माण्ड है
तुम्हारी आत्म देह में
जगाओ खुद की आत्मा

बसाओ इसे विदेह में।
है आत्म ज्ञान से बड़ा
न ज्ञान इस जहान में
तुम्ही तो शक्तिमान हो
धरा और आसमान में।
कभी न भेदभाव को
हृदय में तुम बटोरना
जगे हृदय में क्रोध तो
तुम स्वयं को टटोलना
करो बंद ऑंखें जब
प्रभु को हो पुकारना।
बनो नदी के नीर सा
सदा नया प्रवाह हो
कभी हृदय में आपके
न प्यार का अभाव हो।
सृजन हो तेरे हाथ मे
और वाणी में प्रभाव हो
दया हो तेरी ऑंख में
न करुणा का अभाव हो।
सदा ही अपने अन्दर तुम
जगाये रखना बचपना
तुम बनकर खुशबू पुष्प की
जहाँ में इसे बिखेरना
करो बंद ऑंखें जब
प्रभु को हो पुकारना।

* * *

गंगा

गंगा जो निर्झर बहती है
भारत के दिल में रहती है
वह बिना शिकायत के निशिदिन
धरती पर बहती रहती है।
है शान्ति बहुत उसके मुख पर
दिल में उसके गहराई है
बस यही रूप लेकर गंगा
यहाँ देवलोक से आई है।
की कठिन तपस्या भगीरथ ने
तब गंगा धरती पर आई
गंगा तट पर तो ही पहले
मानवता जग में थी मुसकाई।
शंकर की जटाओं में उलझी
फिर महादेव को शान्त किया
धरती पर आकर फिर उसने
सगर पुत्रों का उद्धार किया।
पर्वत से उतरकरके गंगा
सागर में जाकर विलीन हुई
हम सबके लोलुपता से ही तो
गंगा भारत में मलीन हुई।
वह सबकी प्यास बुझाती है
पर खुद क्यों इतनी प्यासी है

फिर राज यह उसने बतलाया
कि राम चरण की अभिलाषी है।
लेकर प्रयाग से यमुना को
गंगा फिर जाती काशी है।
जो भी उसमें स्नान करे
वह हो जाता अविनाशी है।
मैं गंगा तट पर बैठा हूँ
उसके जल को हूँ निहार रहा
हैं कहाँ हमारे ईष्टदेव
उनको हूँ यहाँ पुकार रहा।
टिट्टिभियाँ जलपर तैर रहीं
जल जैसे उनका सिंहासन है
वह डूब नहीं सकती उसमें
ऐसा उनका आश्वासन है।
कवि हृदय जो ऊलझा है जग में
उसको मैं यहाँ उधेड़ रहा
मन के वीणा के तारों को
मैं बैठे बैठे हूँ छेड़ रहा।
गंगा तट पर बैठे बैठे
चिड़ियों का कलरव सुनता हूँ
क्या कहती हैं वे गंगा से
उनके शब्दों को पढ़ता हूँ।

* * *

मंत्री आए शहर में

मंत्री आए शहर में
रास्ते सारे जाम
झंडा ले सब घूम रहे
छोड़ के सारे काम।
यातायात बाधित हुए
जनता है परेशान
इन सब बातों से
नेता और मंत्री अनजान।
आने जाने के सभी
मार्ग हुए अवरूद्ध
परेशान जनता हुई
जनमानस है क्रुद्ध।

* * *

आसमा है तुम्हारा

अँधेरा छटा फिर हुआ है सवेरा
परिंदे भी निकले खुले आसमान में
न जाने कहाँ फिर हो उनका बसेरा
हवाओं में भी थोड़ी गर्मी बढ़ी है
युवाओं में भी देखो मस्ती चढ़ी है
किसानों की टोली है खेतों में निकली
सुहाने लगे है फूल सरसो के पीले
खुला आसमान साफ है नीला नीला
कहीं दूर पर कोई गाये रंगीला
कहीं खेलते देखो बच्चों की टोली
कहीं औरतें हैं बनाती रंगोली
कहीं कोई बंदूक से मारे गोली
यहाँ नेता बन बैठे गुण्डे मवाली
भरे जेब उनकी, झोली जनता की खाली
बिगड़ गयी है भाषा लोग देते हैं गाली
अभद्र भाषा पर लोग बजाते हैं ताली
है संसद बनी अपनी गजब का अखाड़ा
और हड्डी गलाती है इस वर्ष जाड़ा
है सड़को पर निकली गद्दारों की टोली
जहर है उगलती सदा उनकी बोली
पागलों की तरह भीड़ भागे सड़क पर
कहें उसको मूर्ख या समझें हम भोली।

यह शीतल हवा और गहरा अँधेरा
है चारो तरफ सन्नाटे का बसेरा
न झींगुर की सरगम न मेढक की तान
नहीं साथ में है अब साया हमारा।
हैं पेड़ों की डाली पर सहमे से पक्षी
गली के सभी श्वान रोने लगे हैं
हैं फुटपाथ पर कुछ ठिठुरते से बच्चे
जिन्हें देखकर दिल भी रोने लगे हैं।
अँधेरो से आती घड़ी की यह टिकटिक
मानो जिन्दगी की कथा कह रही है
न रूकती न थकती न कोई शिकायत
यह दरिया निरन्तर बहे जा रही है।
कहीं दूर पर एक टिमटिमाता सा दीपक
अँधेरे से जीवन की जंग लड़ रहा है
है विस्वास उसको विजय उसकी होगी
समर्थन को भानु सरपट आ रहा है।
गहन जितना है आज का यह अँधेरा
सुखद उतना ही होगा कल का सवेरा
जियो साथ अपनों के हरपल खुशी के
कहा तक रहेगा यह गम का बसेरा।
क्यों घबरा रहे हो विफलताओं से तुम
अगर दुख अँधेरा तो सुख है सवेरा
चलो पंख फैलाओ भरो तुम उड़ान
क्षितिज से क्षितिज तक
आसमा है तुम्हारा।

* * *

जनसंख्या विस्फोट

जनसंख्या विस्फोट हो रहा
देश से उपर वोट हो रहा
धर्म पर मेरे चोट हो रहा
सबके दिल में खोट हो रहा
बन्द देश में नोट हो रहा
चोरी और मक्कारी के संग
लूट और खसोट हो रहा
भ्रष्टाचारी मजे ले रहे
जनता का यहाँ खून बह रहा
व्हाट्सप और फेसबुक पर
देशभक्ति की रेश हो रहा
बाहर वाले आ बसते हैं
अन्दर वाले उनसे डरते हैं
वोट के खातिर नेता सारे
मानवता की बातें करते हैं
धर्म जाति में हमें बाँटकर
जनसेवक हमें लूट रहे हैं
भाग दौड़ के इस जीवन में
रिश्ते सारे छूट रहें हैं
नेता वेतन रोज बढ़ाते
अनुदान का खाना खाते
जनता भूखी है मर जाती

कर दाता की हालत पतली
कर देते देते मर जाते
हम आपस में करें लड़ाई
नेता सारे खाएँ मलाई
संसद में सब करें लड़ाई
पर सारे मौसेरे भाई
हिंसा का साम्राज्य बढ़ रहा
खून और आतंक के आगे
अपना यह कानून सो रहा
आबादी प्रतिदिन बढ़ती है
जनसंख्या विस्फोट हो रहा।

* * *

बरसो रे बदरा

उमड़ घुमड़ के बरसो रे बदरा
आज भिगो दो धरती का अँचरा
प्यासी है धरती सूखा है अँचरा
आकर छाया कर दे तू बदरा।
मीठा मीठा जल बरसा दे
तपती धरती की प्यास बुझा दे
धरती की गोंद हरियाली से सजा दे
सोंधी सोंधी महक से जग महका दे।
किसानों के चेहरे पर ला दो मुस्कान
सूख रहे पेड़ों पर भरो नयी जान
ताल और तलैयों को जल से तुम भर दो
उनको लौटा दो तुम उनकी पहचान।
दादुर झींगुर गाना गायें
और सियार भरेंगे तान
जुगुनू जगमग जगमग करिहैं
रात अँधेरी लगेगी सुनसान।

* * *

फिर भी मुस्कराते थे

फिर भी मुस्कराते थे
बचपन में नंगे पाँव
जेठ की चिलचिलाती
धूप मे दौड़ जाते थे
लू के थपेड़ों से बिल्कुल
न घबड़ाते थे
कभी कुएँ का तो कभी
नदी का ही पानी पी जाते थे
पेड़ों के नीचे तपती जमीन पर
अँगोछा बिछाकर सो जाते थे
कभी गुड़ रोटी तो कभी
चटनी भात खाते थे
कपड़े फटे और कम थे
पर दिल बड़ा हुआ करता था
दोस्तों के साथ अभाव में भी मुस्कराते थे
दशहरे रामनवमी और कार्तिक पूर्णिमा को
हर वर्ष मेले भी जाते थे
अक्सर मेले में चटनी पकौड़ी, सोनपापड़ी
और चोटे की जलेबी ही खाते थे
जेब फटी होती थी
फिर भी मुस्कराते थे
कभी नंगी चारपाई पर

तो कभी कुएँ की सतह पर
लेवा बिछा कर सो जाते थे
कभी जब मेहमान आते तभी
सब्जी तकिया और तोशक
के दर्शन पाते थे
जीवन में अभाव था
फिर भी मुस्कराते थे।
आज सब कुछ है
गाड़ी है अच्छा खाना है
गद्देदार बिस्तर है
तरह तरह के व्यंजन है
कपड़ों से लदा तन है
सैंपू से धुला बदन है
फिर भी बेचैन मन है
याद नहीं आखिरी बार कब
दिल से मुस्कराये थे
धूप में जाने से अब घबड़ाते हैं
लू के नाम से काँप जाते है
छींक आने पर डाक्टर के
पास जाते हैं
कुएँ और नदी के जल को
हाथ भी नहीं लगाते हैं
ए सी चलाकर लेट जाते हैं
फिर भी बचपन सा नहीं सो पाते है
अब हम कभी भी नहीं मुस्कराते हैं।

* * *

पर्यावरण दिवस

जहर भरी है हवा यहाँ
हमने लाया कैसा विकास
काटे हमने हैं वृक्ष यहाँ
बच्चों की हुई अवरोधित श्वास।
मिट्टी के घर हमने तोड़े
पत्थर की दिवारें बनवाई
कहीं हवा न घर में आ जाये
शीशे की खिड़की लगवाई।
रविवार को मिल सब सोचते हैं
पार्क चलो जहाँ मिले घास
हो वृक्ष जहाँ इक्के दुक्के
मिले थोड़ी हवा हो शुद्ध श्वास।
हो रहा लुप्त जल धरती से
पेड़ों का हो रहा है विनाश
गाड़ी के धुएँ से जहर घोल
सब खुश हैं कि हो गया विकास।
कल कैसा होगा इसका तो
हमको थोड़ा भी नहीं आभास
बंजर होगी कल की धरती
निर्मम तपता होगा आकाश।
यदि अभी नहीं हम सुधरे तो

वृक्ष रहित होगी धरती कुछ
मिल जायेगी सूखी घास
फिर पतन धरा पर लायेगा
जिसको कहते हैं हम विकास।

* * *

चुनावी गठबंधन 2019

जो दुश्मन थे कल तक आज बने थे वे मीत

मगर फिर भी मोदी गये आज जीत

समझ में न आये करें क्या अब हम सब

चलो मिलकर गाएँ नया ई वी एम का गीत।

कोई न कोई एक बहाना बनाएं

चुनाव आयोग को भी हम दोषी बताएं

धर्म और जाति का चक्कर चलाया

मगर वह भी अपने नहीं काम आया

सेना से हमने सबूत भी माँगे

चौकीदार को भी चोर बताया।

राफेल का भी राग हमने खूब गाया

दीदी और जीजा को भी था बुलाया

बुआ और बबुआ भी थे संग आए

कितनी जगह हमने दंगे कराए।

नाना तरह के हथकंडे अपनाए

मगर काम अपने नहीं कोई आए

समझ में न आता कि करें क्या अब हम सब

चलो मिलकर अब ई वी एम के गीत गाएं।

हुई छुट्टी अब पाँच वर्षों की अपनी

चलो देश को छोड़कर भाग जाएं

कहीं मोदी ऐसी परिस्थिति न कर दे

कि हम वर्षों तक अदालत के चक्कर लगाएँ।

जो वर्षों से लूटा है जनता का माल
कहीं छीनकर मोदी कर दे न कंगाल
दीदी परेशान बैठी है घर में
कि हाथों से अपने न जाये ये बंगाल।

* * *

चुनाव संध्या

हो गये खत्म आज चुनाव
बढ़ा उम्मीदवारों का तनाव
लिए बैठे सब हैं उम्मीद
कि क्या लायेगा अब गुरूवार।
किसी के लिए होगा ये त्यौहार
कोई होगा बैठा लाचार
मिलेगी किसको फिर सत्ता
करें सब बैठकर यही विचार।
लगाए थे जितने आरोप
न आए वे भी उनके काम
व्यर्थ में तू तू मैं मैं की
हुए उलटे खुद ही बदनाम।
दिखाते सारे हैं अनुमान
बनेगी फिर मोदी सरकार
हुए गठबन्धन सारे फेल
काँपते भ्रष्टाचारी चोर।
चुनावों से बिगड़ा माहौल
आग में जलता रहा बंगाल
गिरा भाषाओं का स्तर
मानवता हुई जैसे कंगाल।
जाति में बँटा पूरा इंसान
अछूता बचा नहीं भगवान

किसी ने बोला अली अली
तो कोई चिल्लाया हनुमान।
लिए घूमा कोई राफेल
लगवाए नारे वह हरबार
घोटाला हुआ देश में है
चोर है अपना चौकीदार।
हुआ उसका उल्टा परिणाम
करोड़ों कहें मैं भी चौकीदार
लगायी अदालत ने फटकार
माफी माँगे फिर नामदार।
यही अब जनता से अनुरोध
भुला दो अपने सभी विरोध
बने चाहे जिसकी सरकार
प्रगति के हटे सभी गतिरोध।

* * *

मेरा देश बदलने वाला है

मेरा देश बदलने वाला है
अच्छे दिन आने वाला है
भ्रष्टाचारी बेईमानों का
पड़ गया किसी से पाला है।
काले धन रखने वालों का
मुँह होने वाला काला है
और देश बाँटने वालों का
निकलने वाला दिवाला है।
है युवक देश का जाग उठा
गरजा बनके मतवाला है
नारी शक्ति उत्थान हुआ
घर घर गर्जी सुरबाला है।
जागा जवान जागा किसान
जन जन में जागा स्वाभिमान
किसके हाथों में दे सत्ता
इस निर्णय का है इम्तिहान।
मर्यादा नेता भूल रहे
कुर्सी के खातिर डोल रहे
एक दूजे पर आरोप लगा
उल्टा सीधा सब बोल रहे।

* * *

पुलवामा अटैक

मना रहा था विश्व जब
प्रेम दिवस की खुशियाँ
टूट गयी इन वीर जवानों के
जीवन की लड़ियाँ।
इस पर भी यदि देश बँटा तो
हम टुकड़ों में बँट जायेंगे
गिद्ध बने ये नेता अपने
इस पर भी राजनीति कर जायेंगे।
समय आ गया मरो या मारो
डटकर कड़ा प्रहार करो
शान्ति और मानवता की
देकर दुहाई अब मत
तुम इंतजार करो।
चुन चुन करके उनको मारो
जितने भी आतंकी हैं
देश के अंदर उनको मारो
जो मानवता की करते
नित नौटंकी हैं।

* * *

ख़्वाब

ऐ ख़्वाब उन्हें तुम ले आना
आँखों में मेरी बसा देना
फिर करके बन्द मेरी पलकें
उसमें ही उन्हें छुपा देना।
मैं नींद से बातें कर लूँगा
कि छोड़ के मुझको ना जाए
पलकें भी नहीं खुलने दूँगा
कहीं चुपके से वो न निकल जाए।
आँसू भी नहीं बहने दूँगा
कहीं घुल उसमें न वह बह जाए
ऐसी कोई तरकीब बता
वह आँखों में ही रह जाए।
चन्दा को फोन लगाऊँगा
अपनी चाहत बतलाऊँगा
फिर चन्दा मुझसे बोलेगा
कि रात को वह समझायेगा
और रात ठहर जाये कुछ दिन
चन्दा भी संग रह जायेगा।
सूरज को भी छुपना होगा
जाकर कुछ दिन अंधेरों में
कह दूँगा उससे विनती कर
न पड़े पूरब पश्चिम के फेरों में।

* * *

दीदी की मौत

आहत तन है आहत मन है

क्योंकि आज मेरी दुनिया से

एक अपने का हुआ गमन है

वही चमन है वही सुमन है

वही धूप और वही पवन है

फिर भी सूना पूरा भवन है

क्योंकि आज रुका जीवन है।

शिथिल हो रहा जैसे तन है

शक्तिहीन हो रहा बदन है

इधर उधर भटके ये मन है

मुझको याद आ रहा बचपन है।

जिनके संग बचपन में खेले

जिनके संग घूमें थे मेले

चलना सीखा जिन्हें पकड़कर

आज छोड़ चल दिए अकेले।

जिसने दिया प्यार था सारा

सदा नाम से जिसने पुकारा

इस जीवन में कभी न होगी

उससे अब मुलाकात दुबारा

अब अतीत की बस यादें हैं

घूम रहा है दृश्य वह सारा

रुका हुआ मस्तिस्क है लेकिन

रूकती नहीं अश्रू की धारा।
सूनी सूनी सी धरती है
सूना सूना पूरा गगन है
आज छोड़ छोटे भाई को
विदा ले रही बड़ी बहन है।

* * *

मी टू

ये मी टू मी टू का कोलाहल
तो केवल एक बहाना है
सबका मकसद बस मिलकरके
मोदी को सिर्फ हराना है।
ये मी टू मी टू वाले भी
कितनी सुन्दर प्रतिभाएं है
दो दसक पुरानी घटनाओं को
वे आज उठाकर लाए हैं।
पहले उनको आभास न था
कुछ गलत हुआ है उनके संग
पर अब चुनाव जब आया तो
सब बदल रहे हैं अपने रंग।
पहले दिन शोर मचा देते
जब उनको यह स्वीकार न था
इतने दिन तक चुप रहना तो
उनको कोई अनिवार्य न था।
लगता है कुछ लोगों के
हाथों की वे कठपुतली हैं
वरना दो दसकों बाद अचानक
कैसे वे इतना बदली हैं।
जन जन जब होगा जागरूक
तब सत्य सामने आयेगा

है वक्त बहुत सामर्थ्यवान
झूठा न कोई बच पायेगा।
जागो भारतवासी अब तो
अधिकारों का उपयोग करो
जो देश बाँटनेवाले हैं
उनको सत्ता से दूर करो।

* * *

गणेश

जन्मदिन तेरो आयो गणेशा
सजा हुआ है आज कैलाशा
गण शंकर के नाच रहे हैं
खुश हैं गौरी मगन हैं महेशा।
जन्मदिन तेरो आयो गणेशा
घर घर में सब तुम्हें बुलाएं
पीताम्बर और फूल चढ़ाएँ
भक्ति से सब शीश नवाएँ
और लड्डूवन के भोग लगाएँ।
जन्मदिन तेरो आयो गणेशा
अबकी बरस जिस जिस घर जाना
प्रेम का उनको पाठ पढ़ाना
खुशियों के संग बुद्धि देना
दुर्बुद्धि सबकी हर लेना।
रिद्धि सिद्धि को भी संग लाना
सबके दिलों में तुम बस जाना
कोई नहीं प्रभु करना बहाना
कष्टों को सबके हर लेना।
सबके दिलों में जगी एक आशा
देना न भक्तों को कभी निराशा
बनी रहे तेरी कृपा हमेशा
जन्मदिन तेरो आयो गणेशा।

* * *

मृगमरीचिका

हम भागते रहे सदा
मंजिल की जिस तलाश में
रूक कर जो आज देखा तो
मंजिल थी मेरे पास में।
ये जिन्दगी गुजर गयी
अपनी थी जिनकी चाह में
वो छोड़ कर के चल दिये
हमको अकेले राह में।
सबको यहाँ उतना मिला
जितना जिसका नसीब था
वो भी तो दूर हो गया
दिल के जो बहुत करीब था।
जीवन है मृगमरीचिका
सब भागते हैं जा रहे
कुछ छूटते हैं जा रहे
कुछ हैं नये भी आ रहे।
क्या खोया क्या पाया यहाँ
इसका न कोई हिसाब है
जीवन का क्या यही उद्देश्य था
इसका न कोई जबाब है।

* * *

झुकना है बहुत जरूरी

जीवन में शांति बनाने को
झुकना है बहुत जरूरी।
पर इतना भी मत झुक जाओ
कि दुनिया को लगे तेरी मजबूरी॥
रिस्तों को स्वस्थ बनाने को
मिलते रहना है जरूरी।
पर कड़वाहट न आ जाए
इसलिए बनाओ कुछ दूरी॥
वाणी की धार प्रबल इतनी
जितनी की तेज नहीं छूरी।
छूरी के घाव तो भर जाते
पर वाणी बढ़ा देती दूरी॥
खुद को तुम ऐसा बनाओ की
अन्तर औरों से नजर आए।
क्या फर्क तुम्हारे रिस्तों में
यह प्रश्न कोई ना कर पाए।
खुद को तुम करो समर्थ इतना
कि कठिनाई भी तुमसे घबराए।
सुख दुःख से परे करो खुद को
ताकि हार भी आकर पछताए।

* * *

मीठा सपना

रात तुम सपने में आई
सावन के रिमझिम में भीगी
खुले बाल वक्षस्थल तक थे
जैसे काली घटा सावन की
बिखरे बालों के अन्दर से
तेरा चेहरा दमक रहा था
जैसे काली बदली के
अन्दर से हो चाँद चमकता
आँखे तेरी चमक रही थी
जैसे उत्तर में ध्रुवतारा
बालों मे कुछ उलझी बूँदे
झिलमिल करती जैसे
काली रातों में शुक्रतारा
लबों पर तेरे था कुछ कम्पन
दिल की बढी हुई थी धड़कन
वस्त्र तुम्हारे थे कुछ गीले
तन को तेरे चूम रहे थे
सरक सरक कर तेरा दुप्पट्टा
पुरवाई मे झूम रहा था
देख तुम्हारे इस रूप को

क्यों तुम इतनी सुन्दर हो
चाँद ये मानो पूछ रहा था
तेरे गालो को छू छूकर
कान का बाला झूम रहा था।

* * *

तेरा अंदाज निराला है

तेरा अंदाज निराला है
और रूप तेरा मतवाला है
है नशा तुम्हारे अंगों में
तू पूरी ही मधुशाला है।
है शहद तुम्हारी बातों में
तू अमृत का एक प्याला है
है अदा माधुरी की तुममें
और सूरत से मधुबाला है।
होठों का रंग गुलाबी है
आँखे काजल सी काली हैं
है त्वचा कमल सी कोमल तेरी
और खूशबू तुममें चमेली की
तुम लीना सी सुन्दर हसीना हो
तुम बेशकीमती नगीना हो
अंगड़ाई तुममें पुरवाई की
तुम सावन का मस्त महीना हो
ये बिखरे बिखरे बाल
और ये तिरछी अदायें
तुम से ही महकते फूल सभी
तुमसे ही रंगीन फिजाएं
कोयल सी मीठी बोली है
और खुशबू जैसे रात की रानी हो

एक अजब शूरूर है आँखों में
बिंदिया भी बड़ी निराली है
बिखरे बालों के साथ साथ
मोहक होठों की लाली है।
कहीं दूर क्षितिज के पास मुझे
तेरा ही अक्श दिखाई दे
ये तेरे रूप का जादू है जो हर पल
कानों को तेरी आवाज सुनाई दे।
तेरी एक झलक के खातिर
हम तो ऐसे तरस गये
जैसे बरसे काले बदरा
वैसे नैना बरस गये
मेरे नैनों मे अब बस गई
तेरी कारी कारी अँखियां
कानो को अब तो भाती हैं
तेरी मीठी मीठी बतियाँ।

* * *

कल्पना

तुम परी लोक की रानी हो
तुम सुन्दर एक कहानी हो
तुम कोमल एक गुलाब कली
तुम कमसिन एक जवानी हो
तेरे होठों की लाली से
खिलते गुलाब हैं उपवन में
तेरे गालो का गोरापन ले
फिरता है चाँद गगन में
ऐ सुन्दरता की प्रतिमूरत
तुम हो क्यों इतनी खूबसूरत
तुम खुशबू देवों के वन की
तुम श्रद्धा हो मेरे मन की
इन आँखो में गहरा सागर
जिसमे है छुपे करोड़ों मोती
इन होठों में अमृत धारा
जिससे जीवन गाड़ी चलती
जी चाहे तुमको प्यार करूँ
हर पल तुमसे इकरार करूँ
जीवन में वो पल ना आए
कि मैं तुमको इनकार करूँ

कोयल सी तेरी बोली है
होठो पर तेरे रंगोली है
सात रंगो से रंगी हुई
ये तेरी लहँगा चोली है

* * *

आज तक भूला नही

चाँद सा मुखड़ा जो देखा
आज तक भूला नहीं
सोचा था तुम फिर मिलोगी
पर गयी तुम खो कहीं
बरसते सावन में तेरा
भीग करके मुस्कराना
सर्दियों की ठण्ढ में
वह तुम्हारा काँप जाना
आज तक भूला नहीं
गर्मियों की धूप में
गालों पर वो ढलता पसीना
और तेरा झुरमुटों की
छाँव में आ बैठ जाना
आज तक भूला नहीं॥

* * *

यौवन

हवाएँ आ के तेरी खिड़कियों

पर दे रही दस्तक

खड़ा है बादलो का झुण्ड

हो करके नतमस्तक

खोलकर केश ये अपने

जरा तुम घर से तो निकलो

हवाएँ लेकर जुल्फों को

बादलों से मिलायेंगी

तेरे नीले दुपट्टे को हवाएँ जब उड़ायेंगी

आम के झुरमुट से फिर कोयल

नया कोई गीत गायेगी

झूमकर बरसेंगे बादल

तेरे तन को भिगोयेंगे

देखकर ये हसीमंजर

मस्त हो मोर नाचेंगे

देखकर ये तेरा यौवन

घटाएँ घिरकर आयेंगी

तेरे होठों को छूकर जल की ये बूँदे

तेरे लब से ये तेरी लाली चुरायेंगी

तेरे तन की चुरा खुशबू

हवाएं बाग जायेंगी

वहाँ फूलों के अन्दर फिर

वो तेरी खुशबू मिलायेंगी
तेरे यौवन के बारे में
वो फूलो को बतायेंगी
तेरे कर रूप का गुड़गान
वो फूलों को जलायेंगी

* * *

प्रेम वर्णन

आँखो का काजल चुरा तेरे
सावन की ये बदली आई
सागर से पानी लाकरके
तुमको रिमझिम से नहलाई।
तेरे होंठो की लाली ले
फूलों ने रंगत बिखराई
बालों की तेरी खुशबू ले
फूलों ने बगिया महकाई।
तेरे गालों की कोमलता
तुममें बचपन की चंचलता
यौवन मे तेरे भरी हुई है
मधुशाला की मादकता।
तेरी आँखो मे सागर है
दिल तेरा प्यार की गागर है
कोयल सी तेरी बोली है
आँखें भी शोख नशीली है।
सावन मयूर सी नाच रही
तेरे कानो की बाली है
तुमसे ही सावन में धरती
पर छाई ये हरियाली है।
पल पल बढ़ता है प्यार मेरा
कल मिलने को इन्तजार तेरा

मेरे दिल पर अधिकार तेरा
मुझे गुस्सा भी स्वीकार तेरा।
तुम सुन्दरता की परिभाषा
तुम प्यासे मन की अभिलाषा
तुम प्रेमजगत का शब्दकोश
तुम प्रेमनगर की नई आशा।
तेरी आँखों में मैं डूब रहा
मैं खुद में खुद को ढूँढ रहा
मेरे दिल में बसे तेरे दिल से
अपने दिल का पता मैं पूछ रहा।
तेरे गोरे गोरे मुखड़े पर
है चमक रही काली बिंदिया
तेरे अंग अंग की मादकता
है उड़ा रही मेरी निंदिया।
कानों से लटकती जंजीरें
आकर छूती दिल को मेरे
आँखों पर लटकती लट तेरे
काजल से कहें बातें सारी।
पैरहन तुम्हारे कहते हैं
तुम परी देश की रानी हो
तेरे अंगो के आकर्षण में
जीवन की नई कहानी है।
फूलों सा कोमल अंग तेरा
चन्दा सा धवल है रूप तेरा
है बदन तराशा संगमरमर
परियों सा सुन्दर रूप तेरा।

तु नाचे मस्त मयूरी सी
आँखे तेरी मृगनयनी हैं
तुम रम्भा और मेनका हो
तुम शोख प्रेम की जननी हो।
है नशा तुम्हारी आँखो में
थोड़ी सी शरारत बातों में
खुशबू है चमेली की तुममें
और रात की रानी रातों में।
कुछ सहमी सहमी रहती हो
बातों से सबकी डरती हो
दिल में है तुम्हारे बात बहुत
पर मुख से कभी नहीं कहती हो।
तुम बसी हो मेरी साँसो में
हर पल तुम मुझमें बसती हो
अक्सर तुम चुप चुप रहती हो
पर आँखो से सब कहती हो।

* * *

टूटे रिश्ते

जीवन में क्या पाया तूने
शायद कुछ पैसे हैं जोड़े
पर कभी बैठकर सोचा क्या
कि कितने तुमने रिश्ते तोड़े।
जिसको तुम अपना घर कहते
वह पत्थर की दीवारें हैं
जिनको तुम खुशियाँ समझ रहे
वह पल भर के फव्वारे हैं।
जरा याद करो अपना बचपन
जब तुम एक छोटे बच्चे थे
घर भरा हुआ था अपनों से
क्योंकि रिश्ते पक्के घर कच्चे थे।
घर का मुखिया होता बुजुर्ग
सब उसका आदर करते थे
संग बैठ सभी घर के सदस्य
आपस में बातें करते थे।
घर में थोड़ी सी तंगी थी
पर इज्जत कभी न नंगी थी
खाने को था रुखा सूखा
पर दुनिया एकदम सतरंगी थी।
संयुक्त परिवारों के दिन थे
दस बीस साथ में रहते थे
कभी खटिया पर बिन बिस्तर के

तो कभी धरती पर सो रहते थे।
पैसों का थोड़ा था अभाव
फिर भी कोई न था तनाव
सब मिलजुलकर रहते थे
कभी कभी होता था मनमुटाव।
फिर पैसों कि जगी मन में प्यास
फिर शुरू हुई एक नई तलाश
अपनों से हम.सब दूर हुए
आपस में घटने लगा विश्वास।
माँ बाप से पहले दूर हुए
घर गाँव मुहल्ले छूट गये
जीवन में इतने व्यस्त हुए
कि रिश्ते सब अपने टूट गये।
तीन कमरों का अब है मकान
सुबिधाएं सारी आलिशान
सब मोबाइल में व्यस्त हुए
घर अपने लिए भी है सुनसान।
ना कोई किसी से है मिलता
मोबाइल में खोया रहता है
आपस में बैठ सब बात करें
मन इसके लिए तरसता है।
आँसू पी पीकर जीता हूँ
थक गया हूँ मैं चलते चलते
जाने कब ये जुड़ पायेंगे
अपनों से टूटे हुए रिश्ते।

* * *

सोलहवाँ साल

सोलह वर्ष का तेरा यौवन

तुमसे महके सारा उपवन

खुशबू तेरी हर फूलों मे

तेरी मस्ती से झूमे है पवन

हे पवन उसे छूकर आना

उसकी खुशबू भी ले आना

उसके बालों की खुशबू से

मेरे आँगन को महकाना।

लाली तुम सूर्ख गुलाबों की

तुम नशा हो मस्त शराबों की

खूशबू तुम रात के रानी की

तुम मल्लिका मेरे ख्वाबों की

जुल्फों मे छुपाए रात हो तुम

कुदरत की हसी सौगात हो तुम

हो दूर बहुत मुझसे फिर भी

हर दम मेरे दिल के साथ हो तुम।

वाणी मे तेरे सरगम है

वाणी मे तेरे मरहम है

होठों से है जीवन तेरे

बालों से है खूशबू तेरे

गालों मे छुपा आकाश तेरे

आँखों से बुझती प्यास तेरे

ये दिल तेरा मतवाला है
तू फूलों की एक माला है
खूशबू से भरी तरंग है तू
जीवन में नयी उमंग है तू।

* * *

कैसे होगा तेरा विकास

कैसे होगा तेरा विकास

अधिकांश व्यक्ति यहाँ हैं कामचोर

खा करके दिन.रात यहाँ

हर व्यक्ति मचाता व्यर्थ शोर।

मैंने आँखों से देखा है

हर व्यक्ति यहाँ व्यापारी है

चाहे वह कोई भिखारी है

चाहे वह कोई अधिकारी है।

भिक्षा है भिखारी का पेशा

रिश्वत अधिकारी लेता है

सोचो वह क्या करता होगा

जो उनको रिश्वत देता है।

हर तरफ मची है लूट यहाँ

सब आपस में ही लड़ते हैं

मौका तलाश कर सभी यहाँ

बस अपनी जेबें भरते हैं।

जिन जिन के कपड़े हैं सफेद

उन सबका काला धन्धा है

सच्चाई और आदर्शों का

तो मोल यहाँ पर मन्दा है।

कैसे होगा तेरा विकास
हर व्यक्ति यहाँ पर अन्धा है
सबको दौलत की बीमारी है
सारा समाज ही गन्दा है।

* * *

www.ingramcontent.com/pod-product-compliance
Lightning Source LLC
Chambersburg PA
CBHW031122130726
47988CB00006B/2186